Purnhagen/Reinhardt
Klausurenkurs Europarecht

Klausurenkurs Europarecht

von

**Dr. Kai Purnhagen,
LL.M. (Wisconsin)**
o. Professor an der
Universität Bayreuth

**Dr. Tilman Reinhardt, M.Sc.,
LL.M. (King's College)**
Akad. Rat a.Z. an der
Universität Bayreuth

2. Auflage 2023

www.beck.de

ISBN 978 3 80139 6

© 2023 Verlag C.H.Beck oHG
Wilhelmstraße 9, 80801 München
Druck: Beltz Grafische Betriebe GmbH,
Am Fliegerhorst 8, 99947 Bad Langensalza

Satz: DTP-Vorlagen der Autoren
Umschlaggestaltung: Druckerei C.H.Beck Nördlingen

chbeck.de/nachhaltig

Gedruckt auf säurefreiem, alterungsbeständigem Papier
(hergestellt aus chlorfrei gebleichtem Zellstoff)

Vorwort

Der Klausurenkurs ist eine Ergänzung zu dem ebenfalls in der Reihe JuraKompakt erschienenen Buch *Purnhagen*, Europarecht. Er soll Studenten im Pflichtfachbereich und Rechtsreferendaren den Einstieg in die europarechtliche Klausurtechnik erleichtern. Zugleich bietet er die Möglichkeit, das erlernte Wissen zu wiederholen und zu vertiefen.

Die Übungsfälle variieren in der Tiefe des Stoffs und sind nach didaktischen Überlegungen ausgewählt. Es empfiehlt sich daher, diesen Klausurenkurs von Anfang bis Ende durchzuarbeiten. Rechtsprechungs- und Schrifttumsnachweise sind zur besseren Lesbarkeit auf ein Minimalmaß reduziert. Stattdessen finden sich am Ende jedes Übungsfalls Vertiefungshinweise.

Die Unterrichtserfahrung zeigt, dass Studenten und Referendare den größten Lerngewinn erreichen, wenn sie zunächst ohne Blick auf die Lösungshinweise unter selbst erzeugtem Zeitdruck eine eigene detaillierte Gliederung des Falls erstellen. Darüber hinaus gelingt die Klausurlösung meist erst nach mehrmaligem Wiederholen des Stoffes und dem Einprägen bestimmter wiederkehrender Formulierungen. Um diesen Wiederholungseffekt zu erzielen, werden an bestimmten neuralgischen Punkten in der Falllösung wiederkehrend dieselben Formulierungen verwendet und bestimmte wichtige Problemlösungen in mehreren Fällen wiederholt.

Allen Leserinnen und Lesern wünschen wir viel Vergnügen und Erfolg bei der Arbeit mit diesem Buch. Dem Autorenteam ist in der zweiten Auflage Herr Dr. Reinhardt, MSc beigetreten. Wir danken Frau Laura Springer für wertvolle Hinweise und Korrekturen. Anregungen und Verbesserungsvorschläge sind jederzeit willkommen.

Bayreuth, April 2023 *Kai Purnhagen, Tilman Reinhardt*

Inhaltsverzeichnis

Vorwort V

Abkürzungsverzeichnis IX

Literaturverzeichnis XI

Fall 1. Der ratlose Unternehmer 1

Fall 2. Münchener Parkplatznot 7

Fall 3. Kontaktlinsen über das Internet 16

Fall 4. Kein Rausch für Ausländer 27

Fall 5. Finanzmarktfonds 36

Fall 6. Bankdrücker 45

Fall 7. Bewegung in der Gesellschaft I 55

Fall 8. Der unlautere Geschäftsleiter 63

Fall 9. Bewegung in der Gesellschaft II 75

Fall 10. Der „Retter von A" 86

Fall 11. Zulässigkeit und Zulassung 95

Fall 12. Disziplin! 106

Fall 13. Bullsh*t 116

Fall 14. Migration 127

Abkürzungsverzeichnis

a. E.	am Ende
AEUV	Vertrag über die Arbeitsweise der Europäischen Union
AG	Aktiengesellschaft
AGB	Allgemeine Geschäftsbedingung(en)
Art.	Artikel
BGB	Bürgerliches Gesetzbuch
BRD	Bundesrepublik Deutschland
BVerfG	Bundesverfassungsgericht
BVerwG	Bundesverwaltungsgericht
bspw.	beispielsweise
bzgl.	bezüglich
bzw.	beziehungsweise
d. h.	das heißt
EU	Europäische Union
EUV	Vertrag über die Europäische Union
etc.	et cetera
f./ff.	folgend(e)
GG	Grundgesetz
ggf.	gegebenenfalls
GR-Charta	Charta der Grundrechte der Europäischen Union
Hs.	Halbsatz
i.e.S.	im engeren Sinne
i.H.v.	in Höhe von
i.S.d.	im Sinne des/der
i.V.m.	in Verbindung mit
km	Kilometer
lit.	littera, Buchstabe
m.w.N.	mit weiteren Nachweisen
Nr./Nrn.	Nummer(n)
SE	societas europaea
s. o.	siehe oben
sog.	sogenannt/e
s. u.	siehe unten
u. a.	unter anderem
u. U.	unter Umständen
VwVfG	Verwaltungsverfahrensgesetz
z. B.	zum Beispiel
zzgl.	zuzüglich

Literaturverzeichnis

Calliess, Christian/
Ruffert, Matthias .... EUV/AEUV – Das Verfassungsrecht der Europäischen Union mit Europäischer Grundrechtecharta, 6. Aufl., 2022 (zit.: Calliess/Ruffert/*Bearb.*)

Ehlers, Dirk (Hg.) .... Europäische Grundrechte und Grundfreiheiten, 4. Aufl. 2015 (zit.: *Bearb.*, in:)

Gräfin Praschma, Ursula.... Vereinheitlichung der Asyl-Entscheidungspraxis im Bundesamt für Migration und Flüchtlinge, ZAR 2020, S. 223 ff.

Jesse, Moritz .... And What about Sunday Trading …? – The Rise of Market Access as an Independent Criteria under Article 34 TFEU, EJRR 2012, S. 437 ff.

Kamanabrou, Sudabeh .... Die Interpretation zivilrechtlicher Generalklauseln, AcP 2002 (2002), S. 662 ff.

Kluth, Winfried .... Der EuGH und der „Last-Minute-Elternnachzug" zu minderjährigen Flüchtlingen, NVwZ 2022, S. 1693 ff.

Krausnick, Daniel .... Grundfälle zu §§ 48, 49 VwVfG, JuS 2010, S.681 ff, S. 778 ff.

Mörsdorf, Oliver .... Mobilität von Gesellschaften im Binnenmarkt – Eine Zwischenbilanz, EuZW 2009, S. 97 ff.

Franck, Jens-Uwe/
Möslein, Florian .... Fälle zum Europäischen Privat- und Wirtschaftsrecht, 2005.

Payandeh, Mehrdad .... Das unionsverfassungsrechtliche Rechtsstaatsprinzip, JuS 2021, S. 481 ff.

Purnhagen, Kai .... Anmerkung, EuZW 2011, S. 224 ff.
Purnhagen, Kai .... Anmerkung, JZ 2012, S. 742 ff.
Purnhagen, Kai .... Europarecht, 4. Aufl., 2022.

Rehberg, Markus .... Die missbräuchliche Verkürzung der unternehmerischen Selbstbestimmung durch die Societas Europaea, ZGR 2005, S. 859 ff.

Reinhardt, Tilman .... Die Auslegung der völkerrechtlichen Verträge der Europäischen Union, 2005.

Säcker, Franz/
Schröder, Ulrich .... Anmerkung, JZ 2011, S. 629 ff.

Schulze, Reiner et al. (Hg.) Bürgerliches Gesetzbuch Handkommentar, 11. Aufl. 2022 (zit. Hk-BGB/*Bearb.*)

Streinz, Thomas .... Anmerkung, EuZW 2012, S. 511 f.

Teichmann, Christoph .... Gesellschaftsrecht im System der Europäischen Niederlassungsfreiheit, EuR 2012, S. 639 ff.

von der Groeben, Hans/ Schwarze, Jürgen (Hg.)	Kommentar zum Vertrag über die Europäische Union und zur Gründung der Europäischen Gemeinschaft, 7. Aufl. 2015 (zit. *Bearb.*, in:)
Weiß, Wolfgang	Nationales Steuerrecht und Niederlassungsfreiheit – Von der Konvergenz der Grundfreiheiten als Beschränkungsverbote zur Auflösung der Differenzierung zwischen unterschiedslosen und unterschiedlichen Maßnahmen, EuZW 1999, S. 493 ff.
Wendenburg, Albrecht/ Reichert, Johannes	EU-Kommission verschärft Vertragsverletzungsverfahren erheblich – Auswirkungen auf die Bundesländer, NVwZ 2017, S. 1338 ff.

Fall 1. Der ratlose Unternehmer

Inhalt: Europäische Integrationstheorien, Geschichte des Europarechts.

Sachverhalt

Der Unternehmer JM wird von seiner französischen Regierung nach dem Ende des zweiten Weltkriegs mit der Frage konfrontiert, wie man dauerhaft Frieden in Europa sichern kann. Sie sind ein juristischer Mitarbeiter in seinem Stab und werden mit der Aufgabe betraut, die möglichen Alternativen auszuloten.

Welche Möglichkeiten können Sie Ihrem Chef vorstellen und was sind ihre jeweiligen Vor- und Nachteile?

Gliederung

A. Internationale Lösung
Friedensvertrag

B. Nationalstaatliche Lösung
Einheitsstaat

C. Föderale Lösung
Bundesstaat

D. Supranationale Lösung
Überstaatliche Lösung

E. Ergebnis

Lösung

A. Internationale Lösung

Die klassische völkerrechtliche Lösung zur Friedenssicherung ist ein Vertrag zwischen den Völkern, der Frieden zum Ziel hat (**Friedensvertrag**) oder Frieden voraussetzt (bspw. **Vertrag über die Aufnahme diplomatischer Beziehungen**). Ein Friedensvertrag beschreibt einen völkerrechtlichen Vertrag zwischen den Kriegsparteien, der einen Friedensschluss (definitiver Friedensvertrag) oder dessen wesentliche Bedingungen (Präliminärfrieden) enthält. Ein solcher Friedensvertrag könnte zwischen den völkerrechtlich anerkannten Regierungen der Nationalstaaten Europas geschlossen werden. Darüber hinaus kann auch jeder weitere zwischenstaatliche Vertrag, dem mittelbar die Wirkung der Beendigung des Kriegszustandes zu entnehmen ist, friedenssichernd wirken. Als solcher wäre beispielsweise ein multilateraler Vertrag zur Aufnahme diplomatischer Beziehungen zwischen den Nationalstaaten Europas denkbar.

Diese vertraglichen Lösungen haben gemein, dass sie auf den Willenserklärungen souveräner Staaten, vertreten durch ihre Regierungen, beruhen. Daher wird eine solche Vorgehensweise auch als **intergouvernementale Lösung** bezeichnet. Der Vorteil solcher intergouvernementalen Lösungen besteht in der Wahrung der Souveränität gewachsener Nationalstaaten und der damit einhergehenden Legitimation der Macht, die zum Vertragsschluss ermächtigt. Allerdings hat die Vergangenheit gezeigt, dass solche intergouvernementalen Friedenssicherungslösungen wenig effektiv sind. Mangels eines allgemein anerkannten internationalen Gerichtshofs ist die Durchsetzung solcher Verträge von dem Willen der Parteien und damit der Regierungen abhängig. Maßgeblich ist mithin lediglich der politische Wille der Parteien zur Friedenssicherung. Daraus ergibt sich das Paradoxon, dass der Vertrag zwar einerseits die Parteien auch bei sich ändernden politischen Gegebenheiten an das Friedensziel binden soll, ein Vertragsbruch jedoch keine effektiven rechtlichen Konsequenzen nach sich zieht. Daher sind solche intergouvernementalen Lösungen zur längerfristigen Friedenssicherung in Europa nicht geeignet.

B. Nationalstaatliche Lösung

3   Eine weitere Möglichkeit zur Friedenssicherung ist die Schaffung eines **europäischen Nationalstaats**. Hierfür stehen mehrere Konstrukte zur Verfügung.

4   Denkbar ist die Schaffung eines **Nationalstaats** nach dem Vorbild des 18. Jahrhunderts. Der Nationalstaat beruht auf der Idee einer einheitlichen Nation, die sprachlich, kulturell und ethnisch Homogenität anstrebt. Ein Nationalstaat setzt damit einen Staat und eine Nation voraus. Die Nation wird durch einen gemeinsamen Demos zusammengehalten, dem sich der staatstragende Teil der Bevölkerung in seiner Kultur und Tradition verbunden fühlt. Der Nationalstaat hat in der 3-Elemente-Lehre von Georg Jellinek seine rechtliche Ausprägung erfahren. Demnach erfordert ein Nationalstaat ein Staatsvolk, ein Staatsgebiet und eine Staatsgewalt. In Europa – so könnte man annehmen – fehlt es bereits an der ersten Voraussetzung eines einheitlichen Staatsvolks. Dem könnte man jedoch entgegenhalten, dass es – wie es heute durch die Schaffung der Unionsbürgerschaft in Art. 9 S. 2, 3 EUV, Art. 20 Abs. 1 S. 3 AEUV zu Tage tritt – durchaus ein verbindendes Element in Form eines speziell europarechtlichen Demos gibt. Unabhängig von der Demos-Frage ist letztlich jedoch die Ausübung von Hoheitsgewalt problematisch. Wer soll in einem solchen Staat die letzte Hoheitsgewalt ausüben? Es erscheint mehr als unwahrscheinlich, dass die einzelnen Bürger Europas bereit wären, ihre Souveränität nach einem Weltkrieg auf den jeweiligen ehemaligen Feind zu übertragen und sich u. U. von diesem sogar regieren zu lassen. Die Schaffung eines Nationalstaats ist daher keine effektive Lösung zur Sicherung anhaltenden Friedens.

5   Darüber hinaus besteht die Möglichkeit der Gründung eines **Vielvölkerstaats**. Geschieht diese Schaffung eines Vielvölkerstaates durch ein voluntatives Element, so spricht man von einer **Willensnation**, da sich unterschiedliche heterogene Völker willentlich einer gemeinsamen Nation unterwerfen. Als Beispiel dient hierfür die Schweiz. Für eine solche Lösung in Europa spricht, dass hierfür kein gemeinsamer, bereits vorhandener Demos vonnöten ist. Allerdings ist auch aus den bereits genannten Gründen fraglich, ob sich die Völker tatsächlich dauerhaft voluntativ mit einem ehemaligen Feind zusammenschließen und sich von diesem sogar regieren lassen würden. Demnach scheint eine solche Willensnation zur dauerhaften Friedenssicherung eher denkbar als ein Nationalstaat, jedoch bestehen erhebliche Bedenken bezüglich der Bereitschaft hierzu in der Bevölkerung.

C. Föderale Lösung

Eng verwandt mit der Willensnation ist die Möglichkeit, Europa als föderalen Bundesstaat zu gründen. Hierunter wäre ein Organisationsprinzip zu verstehen, bei dem die einzelnen Nationalstaaten als Glieder eines europäischen Bundesstaates nach wie vor über eine gewisse Eigenständigkeit und Staatlichkeit mit beschränkter Kompetenz verfügen, jedoch in der Gesamtheit eines europäischen Bundesstaats zusammengeschlossen sind. Insbesondere hätte ein solcher Bundesstaat auch eine sogenannte Kompetenz-Kompetenz, mithin also die Möglichkeit, sich selbst Regelungskompetenzen zuzusprechen.

Für eine solche Lösung spricht, dass die einzelnen Glieder ihre Souveränität bewahren und damit auch soweit ihre eigene Regelungskompetenz besitzen, wie sie zur Identitätswahrung innerhalb des Nationalstaats notwendig ist. Sie wären zudem politisch zu einer Einheit verschmolzen, die die Austragung politischer Konflikte innerhalb dieses Forums ermöglichen würde. Kriege wären sodann nicht mehr vonnöten. Eine solche politische Union wäre daher zur dauerhaften Friedenssicherung wünschenswert. Allerdings ist fraglich, ob die einzelnen Nationalstaaten politisch Willens sind, ihre Kompetenz-Kompetenz, und damit grundsätzlich auch die Kernkompetenzen der Staatlichkeit wie die Steuer- und Abgabenhoheit, an einen europäischen Bundesstaat abzutreten.

D. Supranationale Lösung

Eine Lösung zwischen dem politischen Zusammenschluss in Form eines Staats und der intergouvernementalen Vertragslösung ist die **supranationale Kooperation**. Im Rahmen der supranationalen Kooperation geben Nationalstaaten, unter Beibehaltung ihrer Souveränität, einzelne Kompetenzen an eine überstaatliche Organisation ab. Dabei wird eine Zusammenarbeit der Regierungen der Nationalstaaten inhaltlich und räumlich vertieft sowie institutionalisiert.

Kennzeichnend für eine solche supranationale Organisation ist einerseits die Möglichkeit, unmittelbar verbindliche Rechtsakte zu erlassen, die **keines Transformationsakts** in den Mitgliedstaaten bedürfen. Für diese Rechtsakte besitzt die supranationale Organisation auch die Kompetenz zur Kontrolle. Andererseits besitzt sie aber nur abgeleitete und daher keine eigene Hoheitsgewalt. Daher hat sie auch keine Möglichkeit, sich selbst Kompetenzen zuzusprechen (**mangelnde Kompetenz-Kompetenz**).

Bei einer solchen Vorgehensweise ist es den Mitgliedstaaten weitgehend möglich, ihre eigene Souveränität sowie Kompetenz-Kompetenz zu bewahren. Die Einhaltung der von der supranationalen Organisation erlassenen Rechtsakte wird von dieser selbst überprüft. Damit ist deren Geltung nicht, wie bei internationalen Verträgen, allein vom politischen Willen der Parteien abhängig. Durch die Lenkung dieser Organisation durch grundsätzlich unabhängige supranationale Institutionen wird auch den Bedenken gegenüber solchen Lösungen Rechnung getragen, die zu einer Regierung durch den ehemaligen Feind führen könnten. Damit sind die Schwächen der vorgenannten Lösungen behoben. Fraglich ist jedoch, wie in einem solchen supranationalen Gebilde, bei dem die politische Integration in der Tiefe eines Nationalstaates fehlt, eine Verflechtung der Mitgliedstaaten zu einem Punkt verwirklicht werden kann, der Kriege unattraktiv macht. Ein Impuls für den Zusammenhalt innerhalb einer europäischen supranationalen Organisation kann eine **wirtschaftliche Integration** sein. Eine solche wirtschaftliche Integration vermag es, die Beziehungen der Mitgliedstaaten durch Handel derart zu verflechten, dass Kriege nicht mehr sinnvoll erscheinen. Daher sollte sich eine solche supranationale Lösung der Errichtung eines Binnenmarkts widmen, in dem Handelsbeschränkungen so weit wie möglich abgebaut werden. Die Errichtung eines Binnenmarkts kann jedoch nicht durch politische Lösungen erreicht werden, da sonst die eben dargestellten Schwächen einer intergouvernementalen Lösung nicht überwunden würden. Daher kommt dem Recht bei der Schaffung des Binnenmarkts eine herausgehobene Stellung zu, bei der Ziel des Rechts gerade die Integration der Mitgliedstaaten durch Handel ist (**Funktionalismus**). Diese Doppellösung der Gründung einer supranationalen europäischen Organisation, die durch Recht einen Binnenmarkt zum gemeinsamen Handel errichtet, scheint zur langfristigen Friedenssicherung daher am besten geeignet.

E. Ergebnis

11 Ich empfehle Herrn JM daher für die Schaffung einer supranationalen europäischen Organisation einzutreten, die die Errichtung eines Binnenmarkts zum Ziel hat.

Zur Vertiefung: *Purnhagen*, Europarecht, 2022, Kapitel 1, Rn. 1–4, Kapitel 3, Rn. 4–8.

Fall 2. Münchener Parkplatznot

Inhalt: Verhältnis von Europarecht zum mitgliedstaatlichen Recht, europarechtskonforme Auslegung von Generalklauseln im mitgliedstaatlichen Recht, Autonomie des Europarechts, richtlinienkonforme Auslegung.

Sachverhalt

Die Eheleute H sind der Parkplatznot an ihrem Wohnort in München Schwabing überdrüssig. Daher kaufen sie am 2.6.2003 von der Münchener Baugesellschaft (B), an der die Stadt München 100% der Anteile hält, einen noch zu errichtenden Parkplatz per notariellem Kaufvertrag. In dem Vertrag findet sich folgende Klausel, die auf Vorschlag des Dachverbands der Baugesellschaften formuliert wurde:

§ 5

Der gesamte Kaufpreis wird nach Übergabe einer Sicherheit durch die B fällig.

B weist die H ausdrücklich auf diese Klausel hin. Die Sicherheit wurde in Form einer Bankbürgschaft geleistet und den H übergeben. Die H verweigerten dennoch die Zahlung, da § 5 gegen § 307 Abs. 1 BGB verstoße. Sie würden den Preis erst zahlen, nachdem sie den Stellplatz in dem Parkhaus vier Wochen später mangelfrei abgenommen haben. B verlangt nun von H Verzugszinsen.

Hat B einen Anspruch diesbezüglich?

Bearbeitervermerk: Art. 3 Abs. 1 der Richtlinie 93/13/EWG lautet:

„Eine Vertragsklausel, die nicht im Einzelnen ausgehandelt wurde, ist als mißbräuchlich anzusehen, wenn sie entgegen dem Gebot von Treu und Glauben zum Nachteil des Verbrauchers ein erhebliches und ungerechtfertigtes Mißverhältnis der vertraglichen Rechte und Pflichten der Vertragspartner verursacht."

Hinweis: Der Fall ist dem Urteil *EuGH*, Rs. C-237/02 (Freiburger Kommunalbauten/Hofstetter), ECLI:EU:C:2004:209, nachgebildet.

Gliederung

A. Anspruch der B gegen H auf Erstattung der Verzugszinsen aus § 288 Abs. 1 BGB

   I. Bestehen eines Schuldverhältnisses zwischen B und H

   II. Verzug der Eheleute H

   1. Fälliger, durchsetzbarer Anspruch

      a) Disponibilität der Vorschrift

      b) Wirksamkeit von § 5 des Vertrags

         aa) § 5 des Vertrags als AGB i.S.d. § 305 Abs. 1 S. 1 BGB

         bb) Einbeziehungskontrolle

         cc) Inhaltskontrolle

   2. Rechtsfolge

B. Ergebnis

Lösung

A. Anspruch des B gegen H auf Erstattung der Verzugszinsen aus § 288 Abs. 1 BGB

B könnte gegen die Eheleute H einen Anspruch auf Erstattung der Verzugszinsen aus § 288 Abs. 1 BGB haben. 1

I. Bestehen eines Schuldverhältnisses zwischen B und H

Voraussetzung hierfür ist zunächst das Bestehen eines Schuldverhältnisses zwischen B und H. Ein solches Schuldverhältnis kann gem. § 311 Abs. 1 BGB durch Vertrag zwischen den Beteiligten entstehen. B und H haben einen Vertrag über die Errichtung eines Parkplatzes und damit einen **Werkvertrag** gem. § 631 BGB geschlossen. Somit besteht zwischen den Parteien ein Schuldverhältnis in Gestalt des Werkvertrages, konkret in Form des **Verbraucherbauvertrages** gem. § 650i BGB. 2

II. Verzug der Eheleute H

Die H müssten als Schuldner des Verbraucherbauvertrags darüber hinaus im **Verzug** i.S.d. § 286 Abs. 1 S. 1 BGB sein. 3

1. Fälliger, durchsetzbarer Anspruch

Der Gläubiger – hier B – müsste gegen den Schuldner – hier die H – einen fälligen, durchsetzbaren Anspruch haben. B hat gegen die H gem. § 631 Abs. 1 Hs. 2 BGB einen Anspruch auf **Entrichtung der Vergütung** aus dem Bauvertrag. Dieser müsste jedoch auch **fällig** sein. Grundsätzlich sind Ansprüche gem. § 271 Abs. 1 BGB sofort fällig. Demnach wäre die Zahlung der Vergütung sofort nach Abschluss des Verbraucherbauvertrags fällig. Allerdings gilt die Fälligkeitsregelung in § 271 Abs. 1 BGB nur, wenn keine andere Zeit für die Leistung bestimmt ist. Gem. § 641 Abs. 1 S.1 BGB tritt Fälligkeit einer Vergütung bei einem Werkvertrag erst mit der **Abnahme des Werks** (§ 640 Abs. 1 BGB) ein. Hier sind die Parkplätze noch gar nicht errichtet, daher können die H das Werk auch nicht abgenommen haben. Jedoch könnte die Fälligkeitsregelung des § 641 Abs. 1 BGB durch § 5 des Vertrags wirksam abbedungen sein. 4

a) Disponibilität der Vorschrift

Dies wäre nur dann möglich, wenn es sich bei § 641 Abs. 1 BGB um eine **abdingbare Vorschrift** handelt. § 641 Abs. 1 BGB ist keine zwingende Vorschrift, damit ist sie grundsätzlich durch Parteivereinbarung wie § 5 des Vertrages abdingbar. 5

b) Wirksamkeit von § 5 des Vertrags

6 § 5 des Vertrags kann die Fälligkeitsregelung des § 641 Abs. 1 BGB jedoch nur dann abbedingen, wenn er wirksam ist. Gegen die Wirksamkeit könnten Regelungen über die Allgemeinen Geschäftsbedingungen in den §§ 305 ff. BGB sprechen.

aa) § 5 des Vertrags als AGB i.S.d. § 305 Abs. 1 S. 1 BGB

7 Hierfür müsste § 5 des Vertrags zunächst eine Allgemeine Geschäftsbedingung i.S.d. § 305 Abs. 1 S.1 BGB darstellen. Fraglich ist allein, ob § 5 des Vertrags für **„eine Vielzahl von Verträgen"** vorformuliert wurde. Es ist nicht ersichtlich, ob B die Klausel nur im Vertrag mit den H verwendet. Insoweit könnte man davon ausgehen, dass die Klausel nur zur einmaligen Verwendung vorgesehen ist und daher nicht „für eine Vielzahl von Verträgen" vorformuliert ist. Grundsätzlich genügt bei Verbraucherverträgen allerdings bereits die einmalige Verwendung einer Klausel, vgl. § 310 Abs. 3 Nr. 2 BGB. Damit würde auch nur die einmalige Verwendung der Klausel im Vertrag mit H ausreichen. Selbst wenn dies nicht der Fall wäre, kommt es nach dem Wortlaut nicht auf die tatsächliche mehrmalige Verwendung an, sondern auf die Intention, eine vorformulierte Klausel mehrmalig zu verwenden. Eine solche Intention ist immer dann anzunehmen, wenn ein Berufsverband die Klausel vorformuliert hat. Hier hat B die Klausel auf Empfehlung des Dachverbandes der Baugesellschaften übernommen, damit ist sie auch für „eine Vielzahl von Verträgen" gestellt. § 5 des Vertrags ist damit eine Allgemeine Geschäftsbedingung i.S.d. § 305 Abs. 1 S. 1 BGB.

bb) Einbeziehungskontrolle

8 § 5 des Vertrags müsste gem. § 305 Abs. 2 BGB wirksam in den Verbraucherbauvertrag **einbezogen** sein. Dies ist gem. § 305 Abs. 2 Nr. 1 BGB immer dann der Fall, wenn der Verwender ausdrücklich auf die AGB hinweist und der Kunde die Möglichkeit zur Kenntnisnahme hat. Hier hat B die H ausdrücklich auf § 5 des Vertrags hingewiesen, es ist ferner nach lebensnaher Auslegung davon auszugehen, dass sie damit auch Kenntnis von den AGB genommen haben. Somit ist § 5 des Vertrags wirksam in den Vertrag einbezogen worden.

cc) Inhaltskontrolle

9 Ferner müsste § 5 des Vertrags der AGB-rechtlichen Inhaltskontrolle standhalten. Ein Verstoß des § 5 des Vertrags ist weder gegen die Klauselverbote ohne Wertungsmöglichkeit in § 309 BGB, noch gegen die Klauselverbote mit Wertungsmöglichkeit in § 308 BGB ersichtlich. Allerdings könnte § 5 des Vertrags gem. § 307 Abs. 2 Nr. 1 BGB **gegen**

den wesentlichen Grundgedanken des § 641 Abs. 1 BGB verstoßen und mithin indiziell unangemessen i.S.d. § 307 Abs. 1 S.1 BGB sein. Maßgeblich ist hierfür, welches Interesse der Verwender an der Aufrechterhaltung der AGB-Klausel hat und welche Gründe aus Sicht des Kunden für den Wegfall der Klausel und ihre Ersetzung durch die nach § 306 Abs. 2 BGB maßgebliche Regelung bestehen. Dabei kommt es insbesondere darauf an, welche Konsequenzen die (Un-)Wirksamkeit der Klausel für die Vertragsparteien hätte. Wie dem § 271 Abs. 1 BGB zu entnehmen ist, sind vom Normenprogramm des BGB abweichende Fälligkeitsvereinbarungen grundsätzlich zulässig. Damit könnte man davon ausgehen, dass § 5 des Vertrags nicht gegen den Grundgedanken des grundsätzlich disponiblen § 641 Abs. 1 BGB verstößt. Allerdings würde eine formularvertraglich vereinbarte Vorauszahlung ein **Leistungsverweigerungsrecht** der anderen Vertragspartei nach § 320 BGB ausschließen. Außerdem ist § 641 Abs. 1 BGB zwar disponibel, er verteilt jedoch das vertragliche Risiko dem Typus des Werkvertrags entsprechend. Demgemäß ist es regelmäßig der Werkunternehmer, der das **Risiko der Schlechtleistung** besser kontrollieren kann, und daher **in Vorleistung** treten muss. Dies sind wesentliche Grundgedanken des § 641 Abs. 1 BGB, von der eine Klausel nicht abweichen darf.[1] Damit verstößt § 5 des Vertrags gegen § 307 Abs. 2 Nr. 1 BGB.

Diese Auslegung des § 307 Abs. 2 Nr. 1 BGB könnte jedoch gegen das **Gebot der autonomen Auslegung des Europarechts** verstoßen. § 307 Abs. 1 BGB dient der Umsetzung von Art. 3 Abs. 1 der Richtlinie 93/13/EWG über missbräuchliche Klauseln in Verbraucherverträgen. Der Grundsatz der autonomen Auslegung des Unionsrechts besagt, dass Normen des EU-Rechts nicht unter (alleinigen) Rückgriff auf mitgliedstaatliche Normen ausgelegt werden dürfen, soweit den Mitgliedstaaten nicht ausdrücklich EU-rechtlich ein Auslegungsspielraum eingeräumt wird. § 307 Abs. 2 Nr. 1 BGB stellt nur eine Auslegungshilfe („im Zweifel") für den Tatbestand der unangemessenen Benachteiligung in § 307 Abs. 1 S.1 BGB dar. Insofern findet § 307 Abs. 2 Nr. 1 BGB nur dann Anwendung, wenn „Zweifel" bei der Auslegung des Tatbestandes „entgegen den Geboten von Treu und Glauben unangemessen benachteiligt" auftreten. Ist der Tatbestand des § 307 Abs. 2 Nr. 1 BGB erfüllt, so entfaltet er jedoch eine **Indizwirkung** für die Erfüllung des Tatbestands des § 307 Abs. 1 S.1 BGB. Diese Indizwirkung der nationalen Vorschrift des § 307 Abs. 2 Nr. 1 BGB kann jedoch nicht so weit greifen, dass hierdurch der Anwendungsbereich des EU-Rechts bestimmt werden würde. Ansonsten hätte es ein Mitgliedstaat in der Hand, die unmittelbare Anwendbarkeit von Unionsrecht zu unterlaufen. Dies liefe der autonomen

---

[1] *OLG Karlsruhe* MittBayNot 2001, 478.

Anwendbarkeit des Unionsrechts zuwider. Wäre mithin das Merkmal „entgegen den Geboten von Treu und Glauben unangemessen benachteiligt" nach europarechtlichen Maßstäben auszulegen, so könnte § 307 Abs. 2 Nr. 1 BGB keine Indizwirkung entfalten. Fraglich ist daher, ob das Merkmal „entgegen den Geboten von Treu und Glauben unangemessen benachteiligt" in § 307 Abs. 1 S. 1 BGB nach deutschen oder europarechtlichen Maßstäben auszulegen ist.

11 Einerseits könnte „Treu und Glauben" in § 307 Abs. 1 S. 1 BGB i.S.d. § 242 BGB und damit in erster Linie nach nationalen Maßstäben auszulegen sein. Etwas anderes könnte sich jedoch aus dem Umstand ergeben, dass § 307 Abs. 1 BGB Art. 3 Abs. 1 der Richtlinie 93/13/EWG umsetzt und daher möglicherweise richtlinienkonform auszulegen ist.

12 Die Notwendigkeit der **richtlinienkonformen Auslegung** des nationalen Rechts ergibt sich für Deutschland als Mitgliedstaat der EU aus der Verpflichtung gem. Art. 288 Abs. 3 AEUV i.V.m. dem Grundsatz loyaler Zusammenarbeit gem. Art. 4 Abs. 3 EUV, das Regelungsziel von Richtlinien zu verwirklichen,. Nach dem Grundsatz des venire contra factum proprium wäre es widersprüchlich, einerseits vertraglich zur Zielverwirklichung verpflichtet zu sein und sich als Mitgliedstaat sodann nicht an diese Verpflichtung zu halten. Aus diesen Überlegungen ergeben sich allgemeine Anforderungen an die richtlinienkonforme Auslegung, die eine mögliche Auslegung von „Treu und Glauben" gem. § 307 Abs. 1 S. 1 BGB anhand der Richtlinie 93/13/EWG erfüllen muss.

13 Eine Richtlinie kann eine solche Verpflichtung von Mitgliedstaaten nur so weit begründen, wie sie Rechtswirkungen entfaltet hat. Damit ist eine richtlinienkonforme Auslegung jedenfalls dann möglich, wenn die **Umsetzungsfrist** der Richtlinie bereits abgelaufen ist. Vorliegend schließen die Parteien am 2.6.2003 den Bauvertrag ab, die Richtlinie ist im Jahr 1993 veröffentlicht worden. Es ist daher davon auszugehen, dass die Umsetzungsfrist schon abgelaufen ist.

14 Nationale Vorschriften können nur so weit richtlinienkonform ausgelegt werden, wie es die Auslegungsmethoden des nationalen Rechts erlauben (**contra legem-Grenze**). Hier steht die Auslegung der Generalklausel „Treu und Glauben" gem. § 307 Abs. 1 S. 1 BGB in Streit. Deutsche zivilrechtliche Generalklauseln sind aufgrund der Unergiebigkeit der klassischen Auslegungsmethoden regelmäßig wertend zu konkretisieren.[2] Dabei ist unbestritten, dass die durch das GG vorgegebene Wertordnung maßgeblich ist. Fraglich ist jedoch, ob auch die Wertordnung des Unionsrechts zur Auslegung von zivilrechtlichen

---

[2] *Kamanabrou* AcP 202 (2002), 662, 670 ff.

Generalklauseln herangezogen werden darf. Vereinzelt wird vertreten, dass Generalklauseln des deutschen Zivilrechts wie § 242 BGB europarechtsneutral seien und damit nur im Lichte des GG ausgelegt werden sollten.[3] Selbst wenn man diesem Ansatz folgen würde, würde auch die Europarechtsoffenheit des GG wohl eher für die Berücksichtigung der europäischen Wertordnung sprechen.[4] Dies ist jedenfalls dann geboten, wenn der deutsche Gesetzgeber, wie in § 307 Abs. 1 S. 1 BGB, Generalklauseln des EU-Rechts umsetzt. Ansonsten hätte es der deutsche Gesetzgeber in der Hand, die unmittelbare Anwendbarkeit des EU-Rechts zu unterlaufen. Damit ist die contra-legem-Grenze des deutschen Rechts nicht berührt, wenn eine Generalklausel des Zivilrechts wie der Grundsatz des „Treu und Glauben" in § 307 Abs. 1 S. 1 BGB im Lichte europarechtlicher Bestimmungen konkretisiert wird.

Darüber hinaus müssen die **Grundsätze der Rechtssicherheit und das Rückwirkungsverbot** beachtet werden. Die Wertungsausfüllungsbedürftigkeit zivilrechtlicher Generalklauseln ist allgemein bekannt, sodass hier schon kein Vertrauen der Bürger in eine bestimmte Art und Weise der Auslegung nur in der Hinsicht begründet wird, dass den Wertungen nicht ein gänzlich anderes Rechtsverständnis als das europäische zugrunde gelegt wird. Dies ist beim EU-Recht, welches sich gem. Art. 6 EUV gerade auf die gemeinsamen europäischen Rechtsüberzeugungen stützt, der Fall. Anzeichen für einen Verstoß gegen das Rückwirkungsverbot sind nicht ersichtlich. 15

Damit sind die allgemeinen Anforderungen an die richtlinienkonforme Auslegung erfüllt. 16

Um Richtlinie 93/13/EWG zur richtlinienkonformen Auslegung von § 307 Abs. 1 S. 1 BGB heranziehen zu können, müsste vorliegend zusätzlich deren **Anwendungsbereich** eröffnet sein. Gem. Art. 1 der Richtlinie 93/13/EWG müsste es sich demnach bei B um einen Gewerbetreibenden und bei H um Verbraucher handeln. B handelt im Rahmen seiner gewerblichen Tätigkeit. Er ist mithin gem. Art. 2 c) der Richtlinie 93/12/EWG Gewerbetreibender. H handeln als natürliche Personen ohne gewerblichen oder beruflichen Bezug, mithin gem. Art. 2 b) der Richtlinie 93/12/EWG als Verbraucher. § 5 des Vertrages ist vorformuliert und nicht im Einzelnen ausgehandelt, damit handelt es sich um eine Vertragsklausel i.S.d. Art. 3 Abs. 2 der Richtlinie 93/13/EWG. Der Anwendungsbereich der Richtlinie 93/13/EWG ist damit eröffnet. 17

Darüber hinaus müsste der Begriff „Treu und Glauben" in § 307 Abs. 1 S. 1 BGB **keine hinreichende Umsetzung** der Richtlinie 18

---

[3] *BAG* NJW 2012, 1613.
[4] So zutreffend *Ritter* NJW 2012, 1549 m.w.N.

93/13/EWG darstellen. § 307 Abs. 1 S. 1 BGB dient der Umsetzung von Art. 3 Abs. 1 der Richtlinie 93/13/EWG. Dieser Artikel enthält ebenfalls den Begriff des „Treu und Glauben", ohne ihn näher zu bestimmen. Damit setzt § 307 Abs. 1 S. 1 BGB Art. 3 Abs. 1 die Richtlinie 93/13/EWG sogar wortwörtlich und damit hinreichend um. Allerdings könnte eine Auslegung der nationalen Vorschrift sogleich eine Auslegung der Vorschrift des „Treu und Glauben" in Art. 3 Abs. 1 der Richtlinie 93/13/EWG bedeuten. Diese ist grundsätzlich autonom und damit losgelöst von mitgliedstaatlichen Wertungen auszulegen. Eine autonome Auslegung des Begriffs „Treu und Glauben" betrifft jedoch nur den Fall einer allgemeinen und abstrakten Konkretisierung des Begriffs „Treu und Glauben".[5] Steht jedoch die Frage im Raum, ob eine Klausel in einem konkreten Fall vor einem nationalen Gericht entgegen dem Gebot von Treu und Glauben zum Nachteil des Verbrauchers ein Missverhältnis vertraglicher Rechte und Pflichten statuiert, so handelt es sich um die Subsumtion unter eine nationale Vorschrift, die mitgliedstaatlichen Gerichten obliegt.[6] Da der EuGH nur abstrakte Rechtsfragen des Europarechts klären kann, ist es nur nationalen Gerichten möglich, die im konkreten Fall notwendigen Abwägungen vorzunehmen. Hier steht in Frage, ob die Klausel des § 5 des Vertrags die H unangemessen benachteiligt. Damit liegt eine Subsumtionsfrage vor, die nach nationalem Recht von einem nationalen Gericht zu bestimmen ist.

19   Die Indizwirkung des § 307 Abs. 2 Nr. 1 BGB verstößt damit nicht gegen den Grundsatz der Autonomie des Unionsrechts. Eine gegenteilige Wertung, die die Indizwirkung beseitigen würde, ist nicht ersichtlich. § 5 des Vertrages ist damit unangemessen und verstößt gegen § 307 Abs. 1 S. 1 BGB.

2. Rechtsfolge

20   Gem. § 306 Abs. 2 BGB tritt damit anstelle des § 5 des Vertrags die gesetzliche Regelung des § 641 Abs. 1 BGB. Damit tritt die Fälligkeit des Vergütungsanspruchs des B gegen die H erst mit der Abnahme der Parkplätze ein. Die Eheleute H befinden sich mithin nicht im Verzug.

---

[5] So auch *Franck/Möslein*, Fall 4 – Bahnbrechende Bedingungen, S. 125. Siehe hierzu im Ergebnis auch *EuGH,* Rs. C-240/98 bis C-244/98 (Océano; Salvat Editores), ECLI:EU:C:2000:346, Rn. 21 ff.

[6] *EuGH*, Rs C-237/02 (Freiburger Kommunalbauten/Hofstetter), ECLI:EU:C: 2004:209.

B. Ergebnis

B hat gegen die Eheleute H keinen Anspruch auf Erstattung der Verzugszinsen aus § 288 Abs. 1 BGB.

Zur Vertiefung: 📖 *Purnhagen*, Europarecht, 2022, Kapitel 6, Rn. 16 ff.; *Franck/Möslein*, Fälle zum Europäischen Privat- und Wirtschaftsrecht, 2005, Fall 4 Bahnbrechende Bedingungen.

Fall 3. Kontaktlinsen über das Internet

Inhalt: Warenverkehrsfreiheit, Eingrenzung der Dassonville-Formel durch die Zugangs(ANETT)-Formel, Schwerpunkttheorie und Konkurrenzen der Grundfreiheiten.

Sachverhalt

Die ungarische K vertreibt Kontaktlinsen über ihre Website. Nach dem ungarischen Gesetz über den elektronischen Geschäftsverkehr (hiernach Gesetz) ist der Vertrieb von Kontaktlinsen nur in einem Fachgeschäft für medizinische Hilfsmittel oder durch Lieferung nach Hause an den Endverbraucher genehmigungsfrei. Da nach Auffassung der zuständigen ungarischen Behörde ÁNTSZ Pécsi der Vertrieb über das Internet nicht von diesem Wortlaut erfasst ist, untersagt sie der K den Internetvertrieb von Kontaktlinsen. K erhebt gegen diesen Bescheid Klage vor dem Baranya megyei bíróság (G), wobei sie u. a. geltend macht, dass dieses Verbot gegen die Dienstleistungs- und Warenverkehrsfreiheit des AEUV verstoße. Die ungarische Regierung macht hingegen geltend, es sei notwendig den Kunden vorzuschreiben die Kontaktlinsen in Fachgeschäften in Empfang zu nehmen. Sie müssten Zugang zu einem Optiker haben, der die erforderlichen körperlichen Untersuchungen vornehme, Kontrollen durchführe und ihnen Anleitungen zum Tragen der Kontaktlinsen gebe. Daher setzt G das Verfahren aus und legt dem Europäischen Gerichtshof die folgende Frage zur Vorabentscheidung vor:

Verstoßen die ungarischen Rechtsvorschriften, wonach Kontaktlinsen nur in einem Fachgeschäft für medizinische Hilfsmittel vertrieben werden dürfen, gegen den Grundsatz des freien Warenverkehrs im Sinne von Art. 34 AEUV?

Wie wird der Gerichtshof entscheiden?

Bearbeitervermerk: Gehen Sie davon aus, dass kein einschlägiges Sekundärrecht besteht.

Hinweis: Der Fall ist der Rs. *EuGH,* Rs. C-108/09 (Ker-Optika), ECLI:EU: C:2010:725 nachgebildet.

Gliederung

A. Annahmefähigkeit der Vorlagefrage
  I. Zuständigkeit des EuGH
  II. Vorlagegegenstand
  III. Vorlageberechtigung des mitgliedstaatlichen Gerichts
  IV. Form der Vorlage
  V. Ergebnis

B. Beantwortung der Vorlagefrage
  I. Vorprüfung
  II. Anwendungsbereich
    1. Persönlich
    2. Sachlich
       a) Ware
       b) Unionsware
       c) Abgrenzung zur Dienstleistungsfreiheit
       d) Bereichsausnahme
  III. Beeinträchtigung
    1. Maßnahme eines Verpflichteten
    2. Mengenmäßige Ein- und Ausfuhrbeschränkung
    3. Maßnahme gleicher Wirkung
       a) Dassonville-Formel
       b) Zugangs-Formel (ANETT-Formel)
  IV. Rechtfertigung
    1. Geschriebene Rechtfertigungsgründe
    2. Ungeschriebene Rechtfertigungsgründe
    3. Grundrechte
       a) Geeignetheit
       b) Erforderlichkeit
    4. Verhältnismäßigkeit

C. Ergebnis

Lösung

1 Der EuGH wird die Vorlagefrage beurteilen, wenn sie **annahmefähig** ist.

A. Annahmefähigkeit der Vorlagefrage

2 Die Frage des G wird vom EuGH angenommen, wenn die Voraussetzungen der Annahmefähigkeit gegeben sind.

I. Zuständigkeit

3 Dazu müsste der EuGH für Vorlagefragen **zuständig** sein. Der EuGH ist aus dem Umkehrschluss zu Art. 256 Abs. 1 AEUV für Vorlageverfahren nach Art. 267 AEUV zuständig. Von der Möglichkeit, dem Gericht die Zuständigkeit in der Satzung zuzuweisen, wurde kein Gebrauch gemacht.

II. Vorlagegegenstand

4 Ferner müsste es sich bei der Frage um die Auslegung von Art. 34 AEUV um einen tauglichen Vorlagegegenstand handeln. Gem. Art. 267 a) AEUV entscheidet der Gerichtshof über die **Auslegung der Verträge**. Damit kann er nicht über das ungarische Gesetz an sich entscheiden. Allerdings kann er **abstrakt** prüfen, ob ein Gesetz wie das ungarische mit den Verträgen vereinbar ist. Die Vorlagefrage ist daher in dieser Hinsicht umzuformulieren. Eine mögliche Vorlagefrage wäre beispielsweise: Ist Art. 34 AEUV dahin auszulegen, dass Waren wie Kontaktlinsen nur in dafür vorgesehenen Fachgeschäften für den Verkauf medizinischer Hilfsmittel vertrieben werden dürfen und folglich ihr Vertrieb über das Internet verboten ist? Da sodann die Vereinbarkeit eines Gesetzes wie des ungarischen mit der Warenverkehrsfreiheit in Streit steht und es sich bei der Warenverkehrsfreiheit um eine Vorschrift des Vertrags handelt, ist eine solche Frage auch ein tauglicher Vorlagegegenstand.

III. Vorlageberechtigung des mitgliedstaatlichen Gerichts

5 B müsste vorlageberechtigt sein. Gem. Art. 267 Abs. 2 AEUV ist jedes **„Gericht"** vorlageberechtigt. Der Begriff des „Gerichts" ist autonom-europarechtlich zu bestimmen. Gericht i.S.d. Art. 267 AEUV ist jeder nach nationalem Recht zur Entscheidung in Rechtssachen

berufene Spruchkörper, bei dem die Unabhängigkeit der Richter gewährleistet ist und der in einem rechtsstaatlich geordneten Verfahren mit Bindungswirkung nach Rechtsnormen, d. h. nicht lediglich nach Billigkeit, entscheidet. Vorliegend sind keine Anhaltspunkte ersichtlich, dass G diese Anforderungen nicht erfüllt. G ist mithin ein „Gericht" i.S.d. Art. 267 Abs. 2 AEUV. Des Weiteren müsste G vorlageberechtigt gem. Art. 267 Abs. 2 AEUV sein. Demnach ist jedes Gericht vorlageberechtigt, sofern es eine Entscheidung des EuGH zum Erlass seines Urteils für erforderlich hält. G ist insoweit vorlageberechtigt.

IV. Form der Vorlage

Das Vorlageverfahren richtet sich nach Art. 23 ff. der **Satzung des Gerichtshofs** und ist grundsätzlich formfrei. 6

V. Ergebnis

Die Vorlagefrage des B ist mithin annahmefähig. 7

B. Beantwortung der Vorlagefrage

Die Beantwortung der Vorlagefrage hängt davon ab, ob Art. 34 AEUV einer Regelung wie im Ausgangsverfahren entgegensteht, wonach Kontaktlinsen nur in Fachgeschäften für den Verkauf medizinischer Hilfsmittel vertrieben werden dürfen und folglich ihr Vertrieb über das Internet verboten ist. 8

I. Vorprüfung

Sekundärrecht, welches diese Frage abschließend regelt, **ist nicht ersichtlich**. Art. 34 AEUV setzt ferner einen **grenzüberschreitenden Sachverhalt** („zwischen den Mitgliedstaaten") voraus. Vorliegend verbietet eine ungarische Behörde einem ungarischen Unternehmen, in Ungarn tätig zu sein. Damit könnte man einen grenzüberschreitenden Sachverhalt verneinen. Hält jedoch ein mitgliedstaatliches Gericht eine Vorabentscheidung für erforderlich, so folgt aus dem Geist der Zusammenarbeit und den Beziehungen zwischen den nationalen Gerichten und dem EuGH eine entsprechende Vermutung der grundsätzlichen Entscheidungserheblichkeit. Würde der EuGH hier die Auslegung des EU-Rechts verweigern, würde er unzulässigerweise in das gem. Art. 267 Abs. 2 AEUV statuierte **Recht des nationalen Gerichts, die Erforderlichkeit der Vorlage selbst zu bestimmen**, eingreifen. Zudem geht es im Rahmen der Vorlagefrage um die Klärung einer **abstrakten Frage**. Fraglich ist mithin nicht, ob der konkrete Fall grenz- 9 überschreitenden Bezug aufweist, sondern ob der der abstrakten Frage zugrundeliegende Sachverhalt potenziell grenzüberschreitende Auswirkungen haben kann. Da es sich um das Verbot des Internetvertriebs von Kontaktlinsen in einem Mitgliedstaat handelt, ist nicht ausgeschlossen, dass der zugrundeliegende Sachverhalt sich auch grenzüberschreitend auswirken wird. Das Merkmal „zwischen den Mitgliedstaaten" ist damit zu bejahen.

II. Anwendungsbereich

10 Ferner müsste der Anwendungsbereich des Art. 34 AEUV eröffnet sein. Der Anwendungsbereich des Art. 34 AEUV ist grundsätzlich **weit auszulegen.**

1. Persönlicher Anwendungsbereich

11 Es müsste zunächst der persönliche Anwendungsbereich eröffnet sein. Die Warenverkehrsfreiheit schützt den **freien Warenverkehr an sich**, daher kann sich auch jede natürliche und juristische Person auf sie berufen. Damit ist der Anwendungsbereich der Warenverkehrsfreiheit bei der Klärung einer abstrakten Frage im Rahmen des Vorabentscheidungsverfahrens immer eröffnet.

2. Sachlicher Anwendungsbereich

12 Der sachliche Anwendungsbereich erfordert gem. der Überschrift zu Titel II AEUV das Vorliegen einer **„Ware"**, die gem. Art. 28 Abs. 2 AEUV als **„Unionsware"** klassifiziert sein muss.

a) Ware

13 Kontaktlinsen müssten mithin „Waren" im Sinne des AEUV sein. Waren sind alle körperlichen Gegenstände, die (einen Geldwert haben und deshalb) Gegenstand von Handelsgeschäften sein können. Fraglich ist allein, ob Kontaktlinsen auch Gegenstand von Handelsgeschäften sein können. Man könnte davon ausgehen, dass **Waren für den medizinischen Bedarf** ausschließlich dem den mitgliedstaatlichen Recht vorbehaltenen Regelungsbereich der sozialen Sicherheit zugehörig sind und damit nicht Gegenstand von Handelsgeschäften sein können. Dies ist jedoch nur so weit der Fall, wie sich der Absatz medizinischer Erzeugnisse nicht mittelbar auf deren Einfuhrmöglichkeiten auswirken kann. Soweit ein solcher mittelbarer Bezug besteht, sind medizinische Erzeugnisse auch als Gegenstand von Handelsgeschäften anzusehen.[7] Die Kontaktlinsen könnten beim Verkauf über das Internet Gegenstand

---

[7] *EuGH*, Rs. C-120/95 (Decker), ECLI:EU:C:1998:167Rn. 12.

von grenzüberschreitendem Handel werden. Somit sind sie eine Ware i.S.d. Art. 34 AEUV.

b) Unionsware

Die Kontaktlinsen müssten darüber hinaus Unionswaren i.S.d. Art. 28 Abs. 2 AEUV sein. Unionswaren sind solche, die vollständig innerhalb der Union gewonnen oder hergestellt, oder unter Verwendung von Bestandteilen zusammengesetzt wurden, die ebenfalls aus der Union stammen, oder bei denen Bestandteile aus Drittstaaten verwendet wurden, die in den zollrechtlich freien Verkehr übergeführt worden sind. Vorliegend befinden sich die Kontaktlinsen in Ungarn im freien Verkehr. Mangels anderweitiger Angaben ist daher davon auszugehen, dass sie zumindest in den zollrechtlich freien Verkehr überführt worden sind. Damit sind die Kontaktlinsen Unionswaren.

c) Abgrenzung zur Dienstleistungsfreiheit

Allerdings könnte sich das Gesetz auch gegen die Dienstleistung des Kontaktlinsenverkaufs und -vertriebs richten und damit der Dienstleistungsfreiheit gem. Art. 56 AEUV unterfallen. Ist die Zuordnung der Maßnahme zu einem sachlichen Anwendungsbereich unklar, so werden grundsätzlich **beide Grundfreiheiten nebeneinander** angewendet. Eine Ausnahme bildet jedoch die Dienstleistungsfreiheit, die gem. Art. 57 AEUV grundsätzlich gegenüber der Warenverkehrsfreiheit **subsidiär** ist. Damit wäre hier zunächst die Warenverkehrsfreiheit zu prüfen. Die Subsidiaritätsklausel gilt jedoch erst dann, wenn der Anwendungsbereich beider Grundfreiheiten eröffnet ist. Ist hingegen ein **Schwerpunkt** der durch die Maßnahme verbotenen Tätigkeit auszumachen, ist nach diesem Schwerpunkt abzugrenzen. Ergibt diese Prüfung, dass eine der beiden Freiheiten gegenüber der anderen **völlig zweitrangig** ist, so ist die vorrangige Grundfreiheit allein einschlägig. Vorliegend untersagt das Gesetz zwar bestimmte Vertriebsmodalitäten, allerdings geschieht dies nur im Hinblick auf den Schutz vor den Risiken, die von Kontaktlinsen ausgehen können. Damit steht der Schutz vor der Ware selbst im Mittelpunkt, nicht die Dienstleistung. Mithin ist die Warenverkehrsfreiheit hier allein einschlägig.

d) Bereichsausnahme

Da es sich bei den Kontaktlinsen um für den Markt zugelassene medizinische Produkte handelt, ist die ungeschriebene Bereichsausnahme nicht einschlägig.

Der Anwendungsbereich der Warenverkehrsfreiheit ist mithin eröffnet.

III. Beeinträchtigung

18 Fraglich ist, ob ein Gesetz wie das ungarische eine Beeinträchtigung des Anwendungsbereichs der Warenverkehrsfreiheit darstellt.

1. Maßnahme eines Verpflichteten

19 Ein solches Gesetz müsste eine Maßnahme eines durch die Grundfreiheiten Verpflichteten darstellen. Alle **Mitgliedstaaten** sind Verpflichtete der Grundfreiheiten. Ungarn ist Mitglied in der EU, mithin verpflichtet. Es hat das Gesetz auch erlassen, also ist es eine Maßnahme eines Verpflichteten.

2. Mengenmäßige Ein- und Ausfuhrbeschränkung („unmittelbare Diskriminierung")

20 Ein Gesetz wie das ungarische könnte eine mengenmäßige Ein- und Ausfuhrbeschränkung i.S.d. Art. 34 AEUV darstellen. Dies sind alle Maßnahmen, die die Warenein- oder ausfuhr der Menge oder dem Wert nach begrenzen. Vorliegend kontingentiert Ungarn nicht die Zahl der Kontaktlinsen, daher ist das Gesetz keine mengenmäßige Ein- und Ausfuhrbeschränkung.

3. Maßnahme gleicher Wirkung („Beschränkung")

21 Das Gesetz könnte jedoch eine Maßnahme gleicher Wirkung i.S.d. Art. 34 AEUV darstellen.

a) Dassonville-Formel

22 Nach der Dassonville-Formel ist eine solche Maßnahme gleicher Wirkung jede Handelsregelung der Mitgliedstaaten, die geeignet ist, den innerunionalen Handel unmittelbar oder mittelbar, tatsächlich oder potentiell zu behindern. Ein Gesetz, welches zusätzliche Anforderungen an den Handel mit Kontaktlinsen stellt, kann auf ausländische Personen, die Kontaktlinsen in Ungarn handeln möchten, abschreckend wirken. Somit ist es **potenziell geeignet**, den innerunionalen Handel zu behindern und somit grundsätzlich eine Maßnahme gleicher Wirkung.

b) Zugangs-Formel (ANETT-Formel)

23 Ein solches weites Verständnis der „Maßnahmen gleicher Wirkung" führt jedoch dazu, dass letztlich jede Maßnahme durch den EuGH überprüft werden könnte. Daher ist zusätzliche Voraussetzung, dass das Gesetz den Zugang zum Markt eines Mitgliedstaates für Erzeugnisse aus einem anderen Mitgliedstaat beschränkt.

24 Eine Maßnahme behindert den Zugang, wenn sie für alle betroffenen Wirtschaftsteilnehmer gilt, die ihre Tätigkeit im Inland ausüben, und den Absatz der inländischen Erzeugnisse und der Erzeugnisse aus anderen Mitgliedstaaten rechtlich wie tatsächlich in der gleichen Weise berührt. Hinsichtlich der ersten Voraussetzung ist darauf hinzuweisen, dass die genannte Regelung für alle Wirtschaftsteilnehmer gilt, die vom Verkauf von Kontaktlinsen betroffen sind, so dass diese Voraussetzung erfüllt ist. Was die zweite Voraussetzung betrifft, so gilt das Verbot des Vertriebs von Kontaktlinsen über das Internet mangels gegenteiliger Angaben auch für aus anderen Mitgliedstaaten stammende Kontaktlinsen, die Gegenstand eines Versandhandelsverkaufs und einer Lieferung nach Hause an in Ungarn wohnende Verbraucher sind. Es ist festzustellen, dass das Verbot des Vertriebs von Kontaktlinsen im Wege des Versandhandels den Wirtschaftsteilnehmern aus anderen Mitgliedstaaten eine besonders effiziente **Modalität für den Vertrieb dieser Waren** vorenthält und so deren Zugang zum Markt des betroffenen Mitgliedstaats erheblich behindert.

Hinweis: In der Vergangenheit wurde an dieser Stelle die **Keck-Formel** geprüft. Laut dieser stellen sämtliche produktbezogene Regelungen eine Maßnahme gleicher Wirkung dar. Der *EuGH* hat nunmehr jedoch mit der Rs. ANETT[8] von der Keck-Formel Abstand genommen, und sie durch ein reines Marktzugangskriterium im Sinne der Cassis-de-Dijon-Formel ersetzt.[9] Die in der Keck-Formel entwickelten Kriterien können jedoch in Einzelfällen weiter angewendet werden, um das Kriterium des Marktzugangs näher zu bestimmen. Es ist daher nicht falsch, an dieser Stelle in der Prüfung neben ANETT auch auf Keck zu rekurrieren.

Ein Gesetz wie das ungarische ist mithin eine „Maßnahme gleicher Wirkung" i.S.d. Art. 34 AEUV.

IV. Rechtfertigung

Eine Regelung wie die ungarische könnte jedoch gerechtfertigt sein. Rechtfertigungsgründe sind als Ausnahmevorschriften **eng auszulegen**.

1. Geschriebene Rechtfertigungsgründe

Ein solches Gesetz könnte den Belangen der **öffentlichen Gesundheit** Rechnung tragen und demnach gem. Art. 36 AEUV gerechtfertigt sein. Der Schutz der Gesundheit ist nur dann einschlägig, wenn ein unmittelbarer Bezug der Maßnahme zur Gesundheit besteht. Sinn und Zweck des Gesetzes ist der Schutz der Kunden vor den von Kontaktlin-

---

[8] *EuGH*, Rs. C-456/10 (ANETT), ECLI:EU:C:2012:241.
[9] Siehe hierzu weiterführend *Jesse* EJRR 2012, 437; *Purnhagen* JZ 2012, 742 ff.; *Streinz*, Anmerkung, EuZW 2012, 511–512.

sen ausgehenden gesundheitlichen Risiken. Diese sollen durch den Kontakt mit Fachpersonal zumindest minimiert werden. Damit ist der Rechtfertigungsgrund der öffentlichen Gesundheit einschlägig.

2. Ungeschriebene Rechtfertigungsgründe

28 Ein solches Gesetz könnte zusätzlich durch ungeschriebene Rechtfertigungsgründe, sog. notwendige und zwingende Erfordernisse im Sinne der **Cassis-de-Dijon** Rechtsprechung, gerechtfertigt werden. Als solch ein Erfordernis kommt der **Verbraucherschutz** in Betracht. Sinn und Zweck des Gesetzes ist nach lebensnaher Auslegung auch der Schutz der Verbraucher vor **übereilter Kaufentscheidung** bzgl. nicht ihren Präferenzen entsprechenden Kontaktlinsen. Daher ist hier auch der Verbraucherschutz als Rechtfertigungsgrund einschlägig.

3. Grundrechte

29 Darüber hinaus könnte die Beeinträchtigung durch das Gesetz zum Schutz eines Grundrechts gerechtfertigt sein. Der **Verbraucherschutz** gem. Art. 38 GR-Charta könnte ein solches Grundrecht sein. Art. 38 GR-Charta stellt jedoch nur ein Grundrechtsziel dar, er gewährt kein individuelles Grundrecht. Allerdings könnte das Gesetz auch dem Grundrecht auf **Unversehrtheit** i.S.d. Art. 3 Abs. 1 GR-Charta dienen. Der Schutz vor den von Kontaktlinsen ausgehenden Risiken fällt in den Anwendungsbereich des Art. 3 Abs. 1 GR-Charta. Um als Rechtfertigungsgrund tauglich zu sein, dürfte der Schutz der körperlichen Unversehrtheit der Kontaktlinsenkäufer durch das Gesetz nicht außer Verhältnis zur dadurch beeinträchtigten Warenverkehrsfreiheit stehen.

a) Geeignetheit

30 Das Gesetz müsste zur Erreichung dieses Ziels geeignet sein. Das Gesetz führt zu einem verpflichtenden Kontakt zu qualifizierten Optikern. **Die Risiken**, denen die Träger von Kontaktlinsen ausgesetzt sind, können durch das Herstellen dieses Kontakts und durch die von diesen erbrachten Leistungen zwar nicht gänzlich beseitigt, aber doch **verringert** werden. Damit ist das Gesetz geeignet, das Ziel der körperlichen Unversehrtheit zu erreichen.

b) Erforderlichkeit

31 Die Regelung darf außerdem nicht über das zur Erreichung dieses Ziels Erforderliche hinausgehen, es darf also keine den freien Warenverkehr weniger beeinträchtigende Maßnahmen dafür geben. Was das Erfordernis der Anwesenheit des Kunden im Geschäft zur Untersuchung seiner Augen durch einen Optiker betrifft, so ist zum einen zu bemerken, dass zu Hinweiszwecken durchgeführte **Präventivuntersu-**

chungen außerhalb des Optikergeschäfts von Augenärzten durchgeführt werden können. Zum anderen schreibt das Gesetz dem Optiker nicht vor, die Aushändigung von Kontaktlinsen jeweils von einer Präventivuntersuchung oder der vorherigen Konsultation eines Arztes abhängig zu machen, oder die Aushändigung insbesondere bei Folgelieferungen von Kontaktlinsen an denselben Kunden von diesen Erfordernissen abhängig zu machen. Die Kunden können vielmehr im Rahmen des Vertriebs der Kontaktlinsen über das Internet gleichwertig vor deren Lieferung beraten werden, und zwar durch **interaktive Elemente**, die sich auf der betreffenden Website befinden und vom Kunden vor dem Kauf der Kontaktlinsen zwingend verwendet werden müssen.

Darüber hinaus ist eine solche **verpflichtende Untersuchung und Beratung nicht bei jedem Kauf von Kontaktlinsen vonnöten**, sondern bestenfalls nur beim erstmaligen Kauf. Ferner können die hierfür notwendigen Informationen auch auf anderem Wege als im persönlichen Gespräch zum Kunden gelangen. Damit geht das Gesetz über das zur Erreichung dieses Ziels Erforderliche hinaus. Es steht mithin außer Verhältnis zur Gewährleistung der Warenverkehrsfreiheit.

4. Verhältnismäßigkeit

Das Gesetz müsste darüber hinaus hinsichtlich der Gewährleistung der geschriebenen und ungeschriebenen Rechtfertigungsgründe im Rahmen der Warenverkehrsfreiheit verhältnismäßig sein. Hinsichtlich der Gewährleistung der öffentlichen Gesundheit gilt das zur Rechtfertigung aufgrund der Gewährleistung der körperlichen Unversehrtheit gem. Art. 3 Abs. 1 GR-Charta Gesagte entsprechend. Damit ist das Gesetz in dieser Hinsicht nicht verhältnismäßig.

Fraglich ist allerdings, ob das Gesetz nicht aus Verbraucherschutzgründen gerechtfertigt sein könnte. Dazu müsste es zunächst geeignet sein, dieses Ziel zu erreichen. Der Verbraucherschutz zielt im EU-Recht darauf ab, dem **umsichtigen Verbraucher** eine **informierte Kaufentscheidung** zu ermöglichen. Eine vorherige Aufklärung durch fachkundiges Personal ist geeignet, dem Verbraucher eine solche informierte Entscheidung zu ermöglichen. Allerdings kann eine solche Information gerade im Internet auch auf anderem, weniger einschneidenden Weg erfolgen, z. B. durch die bereits angesprochenen **interaktiven Elemente**. Damit ist das Gesetz auch hinsichtlich des Verbraucherschutzes nicht verhältnismäßig.

C. Ergebnis

Art. 34 AEUV steht damit einer Regelung wie im Ausgangsverfahren entgegen, nach der Kontaktlinsen nur in Fachgeschäften für den

Verkauf medizinischer Hilfsmittel vertrieben werden dürfen und folglich ihr Vertrieb über das Internet verboten ist. Der EuGH wird daher die Vorlagefrage des G annehmen, und auf die Unvereinbarkeit der Vorschrift mit Art. 34 AEUV hinweisen.

Zur Vertiefung: 📖 *Jesse*, And What about Sunday Trading …? – The Rise of Market Access as an Independent Criteria under Article 34 TFEU, EJRR 2012, 437 ff.; *Purnhagen*, Europarecht, 2022, Kapitel 7, Rn. 1–45; *Purnhagen*, Anmerkung, JZ 2012, 742 ff.; *T. Streinz*, Anmerkung, EuZW 2012, 511–512.

Fall 4. Kein Rausch für Ausländer

Inhalt: Dienstleistungsfreiheit, Ungeschriebene Bereichsausnahme, Ordre-Public-Vorbehalt, Schwerpunkttheorie, Anwendbarkeit der ungeschriebenen Rechtfertigungsgründe auf unmittelbar diskriminierende Maßnahmen.

Sachverhalt

Der Deutsche Klaus (K) steckt in einer Lebenskrise. Sein bester Freund, der Holländer Maat van Knallpott (M), möchte seinem Freund helfen. Wissend, dass für eine solche Situation ein Tapetenwechsel keine schlechte Idee ist, bucht er kurzerhand für sich und K einen Flug aus Deutschland in Ms Heimatstadt Amsterdam. Dort angekommen begeben sie sich sogleich in einen Coffeeshop. M bestellt als gebürtiger Amsterdamer zuerst auf Niederländisch ein Gramm Cannabis und bekommt es ausgehändigt. Als nach ihm K in gebrochenem Englisch das gleiche bestellt, verlangt der Verkäufer V seinen Ausweis. Nachdem er K als Deutschen identifiziert hat, verweigert V ihm die Ausgabe der Droge.

K ist empört über diese Ungerechtigkeit und erkundigt sich bei V nach dem Grund. V führt daraufhin zutreffend aus, dass der Cannabisverkauf in den Niederlanden eigentlich gesetzlich genauso verboten ist wie in allen anderen EU-Staaten auch. Es obliege jedoch jeder Stadt, die Verfolgung des Verbots zu regeln. Seit 40 Jahren sei von der Verfolgung eines Verstoßes kein Gebrauch gemacht worden. Im Gegenteil: Amsterdam habe sogar ein Lizenzsystem für den Verkauf von Cannabis entwickelt und durch die Ausgabe von Verkaufslizenzen den Cannabisverkauf praktisch legalisiert. Nun habe Amsterdam plötzlich in einem behördlichen Erlass die Verfolgung des Verbots des Verkaufs von Cannabis an Ausländer wieder zugelassen. Von dieser Maßnahme erhofft sich die Stadt, den nach ihrer Meinung ausufernden Folgen des Drogentourismus Herr zu werden. In den letzten fünf Jahren ist die Anzahl der Fälle, in denen aufgrund Cannabis-Konsums ärztliche Maßnahmen ergriffen werden mussten, dramatisch gestiegen. In 92 % der Fälle sei dies auf den Missbrauch der Droge durch Ausländer zurückzuführen. Ferner sei das Stadtbild Amsterdams von unter Drogeneinfluss stehender Menschen, vorwiegend Touristen, negativ beeinflusst. Insgesamt stünden die Kosten, die durch die unter Drogeneinfluss stehenden Menschen verursacht würden, nicht mehr im Verhältnis zu dem Nutzen für die Tourismusbranche. Darüber hinaus hätten neuere Langzeitstudien ein bislang unerkannt hohes Gefährdungspotential schon von einmaligem Cannabiskonsum nachgewiesen.

V ist als Coffeeshop-Betreiber der Ansicht, dass der Cannabis-Verkauf und Konsum mittlerweile zur Kultur Amsterdams gehöre. Zwar verdiene er nichts an dem Verkauf, da er die Droge nur zum Selbstkostenpreis weiterverkaufen dürfe, der Getränke- und Essensverkauf seines Coffeeshops sei jedoch nur lukrativ, weil er die Dienstleistung des Verkaufs von Cannabis-Produkten, sowie einen Raum für den Genuss derselben zur Verfügung stelle. Damit hänge seine wirtschaftliche Existenz vom Cannabis-Verkauf und der Bereitstellung der Räume zum Genuss von Cannabis ab. Wer ihm den Verkauf von Cannabis verbiete, behindere daher auch den Verkauf von Getränken und Speisen.

Nachdem K seinen Freund M angewiesen hat, das Produkt für ihn zu kaufen, ist er fest entschlossen, V zu helfen. Er ist der Ansicht, dass es ungerecht ist, wenn nur Niederländer in einem Coffeeshop Cannabis-Produkte erwerben dürfen. Darüber hinaus mache das Verbot ohnehin keinen Sinn, da er ja nur seinen niederländischen Freund M vorschicken müsse, um das gewünschte Produkt zu kaufen. Grundsätzlich sei Cannabis als Droge mit Alkohol gleichzusetzen, daher müsste Amsterdam genauso gut den Alkoholverkauf an Ausländer untersagen. Das Lizenzsystem der Stadt Amsterdam für den Verkauf von Cannabis, das dem für den Ausschank von Alkohol nachgebildet sei, untermauere seine These. Und überhaupt: Lebten wir nicht in Europa, wo man nicht aufgrund seiner Staatsangehörigkeit diskriminiert werden dürfe? K hat daher die starke Vermutung, dass die Maßnahmen der Stadt Amsterdam entweder gegen die Warenverkehrs- oder die Dienstleistungsfreiheit oder beide verstoßen.

Hat K Recht?

Bearbeitervermerk: Bitte prüfen Sie keine Zulässigkeit. Gehen Sie davon aus, dass kein einschlägiges Sekundärrecht besteht.

Hinweis: Der Fall ist der Rs. *EuGH*, Rs. C-137/09 (Josemans), ECLI:EU:C:2010:774 nachgebildet.

Gliederung

A. Vorprüfung
B. Anwendungsbereich
    I. Persönlich
    II. Sachlich
        1. Bewirtung als Dienstleistung
        2. Abgrenzung zur Warenverkehrsfreiheit
        3. Bereichsausnahme
C. Beeinträchtigung
D. Rechtfertigung
    I. Geschriebene Rechtfertigungsgründe
    II. Ungeschriebene Rechtfertigungsgründe
    III. Grundrechte
E. Ergebnis

Lösung

1 Die Verfolgung des Cannabis-Verkaufsverbots im Falle des Verkaufs an Ausländer könnte gegen die Dienstleistungsfreiheit gem. Art. 56 AEUV verstoßen.

A. Vorprüfung

2 Einschlägiges Sekundärrecht, welches den Sachverhalt abschließend regelt, ist nicht vorhanden. Da K für den Kauf von Cannabis in den Niederlanden die Grenze zu Deutschland überquert, ist der Sachverhalt auch grenzüberschreitend.

B. Anwendungsbereich

3 Der Anwendungsbereich der Dienstleistungsfreiheit müsste eröffnet sein, wobei der Anwendungsbereich grundsätzlich **weit auszulegen** ist.

I. Persönlich

Gem. Art. 56 AEUV ist der persönliche Anwendungsbereich **allen EU-Bürgern** eröffnet. K ist als Deutscher gem. Art. 20 AEUV ein EU-Bürger, demnach ist der Anwendungsbereich für ihn eröffnet.

II. Sachlich

4 Der sachliche Anwendungsbereich der Dienstleistungsfreiheit ist nur dann eröffnet, wenn die Maßnahme Amsterdams eine Tätigkeit verbietet, die eine **Dienstleistung** darstellt. Der Begriff der Dienstleistung ist in Art. 57 AEUV legaldefiniert.

1. Bewirtung als Dienstleistung

5 Hier könnte die Tätigkeit des Coffee-Shops als Bewirtungstätigkeit eine **gewerbliche Tätigkeit** und somit eine Dienstleistung darstellen.

2. Abgrenzung zur Warenverkehrsfreiheit

6 Allerdings könnte sich die Maßnahme Amsterdams auch gegen den **Verkauf der Ware Cannabis** an sich richten und damit der **Warenverkehrsfreiheit** gem. Art. 34 AEUV unterfallen. Ist die Zuordnung der Maßnahme zu einem sachlichen Anwendungsbereich unklar, so werden grundsätzlich **beide Grundfreiheiten nebeneinander** ange-

wendet. Eine Ausnahme bildet jedoch die Dienstleistungsfreiheit, die gem. Art. 57 AEUV grundsätzlich gegenüber der Warenverkehrsfreiheit **subsidiär** ist. Damit wäre hier zunächst die Warenverkehrsfreiheit zu prüfen. Die Subsidiaritätsklausel gilt jedoch erst dann, wenn der Anwendungsbereich beider Grundfreiheiten eröffnet ist. Ist hingegen ein **Schwerpunkt** der durch die Maßnahme verbotenen Tätigkeit auszumachen, ist nach diesem Schwerpunkt abzugrenzen. Ergibt diese Prüfung, dass eine der beiden Freiheiten gegenüber der anderen **völlig zweitrangig** ist, so ist die vorrangige Grundfreiheit allein einschlägig. Einerseits könnte man daher davon ausgehen, dass es nicht primäres **Ziel der Maßnahme** Amsterdams ist, die Bewirtungstätigkeit der Coffeeshops zu verbieten, sondern die Verbreitung der Droge durch deren Verkauf. Daher könnte man argumentieren, dass der Schwerpunkt der Maßnahme hier eine Einschränkung der Warenverkehrsfreiheit zum Ziel hat. Demgegenüber könnte man allein auf die **Tätigkeit** der Coffeeshops abstellen, die neben dem Verkauf der Droge durch ein Bündel von Elementen und Handlungen gekennzeichnet ist, bei denen die Dienstleistungen gegenüber der Lieferung des Gegenstandes selbst überwiegen. Nur durch die **Verflechtung von nicht gewinnträchtigem Cannabis-Verkauf und profitabler klassischer Bewirtungstätigkeit** kann man die ganze Wirtschaftlichkeit der Maßnahme erfassen. Damit richtet sich die Maßnahme Amsterdams gegen die Bewirtungstätigkeit des Coffeeshops des V und unterfällt mithin der Dienstleistungsfreiheit.

Hinweis: Die im Folgenden aufgezeigte Lösung folgt dem *EuGH*-Urteil Josemans[10], das jedoch nach allgemeiner Auffassung an dieser Stelle wenig überzeugend ist.[11] Der EuGH stellt nur auf den Schwerpunkt der **Tätigkeit** von Coffeeshops ab, ohne jedoch die **Maßnahme** der (im Fall Josemans) Stadt Maastricht zu berücksichtigen, die gerade nicht die Bewirtungstätigkeit, sondern eben nur den Verkauf von Cannabis verbieten möchte. Das Verbot hat damit nicht das ganze Paket der Bewirtungstätigkeit im Blick, sondern nur das Element des Verkaufs von Cannabis, welches unter die Warenverkehrsfreiheit fallen würde. Für die Prüfung heißt dies, dass hier auch der Schwerpunkt bei der Warenverkehrsfreiheit gesehen werden könnte. Die anschließende Prüfung erfolgt dann analog der hier nun für die Dienstleistungsfreiheit dargestellten.

3. Bereichsausnahme

Fraglich ist, ob der Verkauf von Cannabis als Element der Bewirtungstätigkeit von der Dienstleistungsfreiheit umfasst ist. Der Verkauf von Cannabis ist in sämtlichen Mitgliedstaaten der EU verboten, eine

---

[10] *EuGH*, Rs. C-137/09 (Josemans), ECLI:EU:C:2010:774.
[11] Siehe hierzu *Purnhagen* EuZW 2011, 224 (225 f.); *Schröder* JZ 2011, 629 (631).

Ausnahme besteht lediglich in einigen Mitgliedstaaten für den medizinischen und wissenschaftlichen Gebrauch. Damit, so könnte man argumentieren, ist schon **kein Binnenmarkt** für solcherlei Produkte vorhanden, zu dem das Unionsrecht Zugang verschaffen könnte.[12] Da es wesentliches Ziel der Grundfreiheiten ist, einen Binnenmarkt zu errichten (Art. 26 Abs. 2 AEUV i.V.m. Art. 3 Abs. 3 S. 1 AEUV), fände damit auch die Dienstleistungsfreiheit keine Anwendung. Dem könnte man gegenüberstellen, dass es in den Niederlanden zwar ein formelles Verbot des Cannabis-Verkaufs gab, Amsterdam jedoch durch seine laxe Drogenpolitik und die Entwicklung eines Lizenzsystems die Schaffung eines **faktischen Markts** nicht nur zugelassen, sondern aktiv befördert hat. Amsterdam gibt in der Begründung zum Erlass der Maßnahmen selbst zu, dass allein marktwirtschaftliche Gründe und eben nicht staatspolitische wie beispielsweise die begrenzten Kapazitäten der Strafverfolgungsbehörden[13] für diese Politik verantwortlich sind. Damit haben die Niederlande faktisch einen Markt für Cannabis geschaffen, zu dem das Europarecht dann auch prinzipiell den Zugang gewähren muss.

8   Diese Verpflichtung könnte jedoch durch anderweitiges Recht ausgeschlossen sein. Die Union hat sich in verschiedenen **internationalen Abkommen** sowie im Rahmenbeschluss 2004/757 ausdrücklich zur Bekämpfung des Drogenhandels bekannt, soweit diese nicht medizinischen und wissenschaftlichen Zwecken dienen. Damit ist der Markt und somit der Geltungsbereich der Grundfreiheiten, so könnte man argumentieren, für solcherlei Produkte von vornherein nicht zugänglich. Demgegenüber könnte man annehmen, dass der Geltungsbereich der Grundfreiheiten, und damit auch der Begriff der Dienstleistungsfreiheit, grundsätzlich weit auszulegen ist und damit Cannabis und dessen Verkauf auch in deren Geltungsbereich fallen sollte.[14] Dafür spricht, dass die Gründe, die zum Abschluss der vorgenannten Rechtsakte zum Verbot des Verkaufs von u.a. Cannabis geführt haben, Gründe der Sicherheit und Ordnung sind und damit gerade solche Gründe, die im Bereich der Rechtfertigung von Beeinträchtigungen der Grundfreiheiten Anwendung finden. Würde man den Verkauf von Cannabis schon aus dem Geltungsbereich der Grundfreiheiten herausnehmen, so ergibt dann der ordre-public-Vorbehalt keinen Sinn mehr.

---

[12] In dieser Hinsicht fiele dann auch Cannabis als Suchtstoff automatisch aus dem Anwendungsbereich heraus, siehe hierzu vor allem die Schlussanträge von GA *Bot* zu C-137/09 (Josemans), ECLI:EU:C:2010:433, Rn. 84 ff.
[13] So der EuGH in einem ähnlich gelagerten Fall C-137/09 (Josemans), ECLI:EU:C:2010:774.
[14] *Purnhagen* EuZW 2011, 224 (225 f.); so wohl auch *Schröder* JZ 2011, 629 (631).

Letztlich kann diese Frage hier jedoch dahingestellt bleiben, da zumindest die anderen Elemente der Bewirtungstätigkeit wie bspw. die Bereitstellung von Speisen und Getränken unter die Dienstleistungsfreiheit fallen. Damit ist der Geltungsbereich der Dienstleistungsfreiheit zumindest im Hinblick auf die anderen Elemente eröffnet.

9

C. Beeinträchtigung

Die Ermessensentscheidung der Wiederaufnahme der Verfolgung des Verkaufsverbots von Cannabis durch die Stadt Amsterdam als hoheitliche Stelle ist eine Maßnahme des Mitgliedstaats Niederlande, somit eine **Maßnahme eines Verpflichteten**. Da nur Ausländer von dieser Maßnahme betroffen sind, ist sie auch **unmittelbar diskriminierend** und damit eine Beeinträchtigung.

10

D. Rechtfertigung

Die Wiederaufnahme der Verfolgung des Verbots könnte gerechtfertigt sein, wobei Rechtfertigungsgründe **eng auszulegen** sind.

11

I. Geschriebene Rechtfertigungsgründe des ordre-public

Die Maßnahmen könnten aus Gründen der öffentlichen Ordnung, Sicherheit oder Gesundheit gem. Art. 62, 52 Abs. 1 AEUV gerechtfertigt sein. Fraglich ist zunächst, ob sich die Stadt Amsterdam vorliegend überhaupt auf den ordre-public-Vorbehalt berufen kann. Die Berufung auf diesen Rechtfertigungsgrund ist immer dann ausgeschlossen, wenn ein Mitgliedstaat nur gegenüber Ausländern, nicht jedoch gegenüber seinen eigenen Staatsangehörigen repressive oder andere Maßnahmen ergreift.[15] Hier wird das Verkaufsverbot von Cannabis **nur gegenüber Ausländern durchgesetzt**, nicht jedoch gegenüber Niederländern. Insofern kann sich Amsterdam nicht auf den Rechtfertigungsgrund des ordre-public berufen.

12

Hinweis: Da laut Bearbeitervermerk Sekundärrecht von der Bearbeitung ausgeschlossen ist, kommt die Prüfung hier zu einem anderen Ergebnis als der *EuGH* im Fall Josemans. Bezieht man das bestehende Sekundärrecht in die Prüfung mit ein, so wird das Ergebnis damit anders ausfallen. Obwohl demnach nach den Grundsätzen der Adoui-Rechtsprechung Amsterdam sich nicht auf den ordre-public-Vorbehalt berufen darf, statuiert das Sekundärrecht in Fällen wie dem vorliegenden wiederum eine Ausnahme von der Anwendung der Adoui-Grundsätze.[16] Der europarechtliche Begriff der öffentlichen Sicherheit und

---

[15] *EuGH*, Rs. C-115/81 (Adoui), ECLI:EU:C:1982:183.
[16] Siehe *EuGH*, Rs. C-137/09 (Josemans), ECLI:EU:C:2010:774.

Ordnung ist für den vorliegenden Fall insoweit konkretisiert, dass verschiedene Abkommen und andere Rechtsakte ausdrücklich die Verfolgung des Konsums, Verkaufs etc. von Cannabis europarechtlich fordern. Insofern wäre es widersprüchlich, einerseits die Verfolgung in zahlreichen Rechtsakten ausdrücklich zu fordern, sie andererseits dann jedoch durch die Hintertür der Grundfreiheiten wieder zu bekämpfen. Damit wären die Maßnahmen Amsterdams letztlich doch vom ordre-public-Vorbehalt des Art. 62, 52 Abs. 1 AEUV gedeckt.

II. Ungeschriebene Rechtfertigungsgründe

13 Das Gesetz könnte zusätzlich durch ungeschriebene Rechtfertigungsgründe, sog. **notwendige und zwingende Erfordernisse** i.S.d. Cassis-de-Dijon Rechtsprechung, gerechtfertigt sein. Ursprünglich waren solche Rechtfertigungsgründe **nicht auf Diskriminierungen anwendbar**. Es kann jedoch notwendig sein, auch Diskriminierungen zu rechtfertigen, wenn ein besonders wichtiger Grund besteht. Der EuGH hat daher die ungeschriebenen Rechtfertigungsgründe zumindest auf versteckte Diskriminierungen angewendet.[17] Vorliegend knüpft die Regelung Amsterdams jedoch unmittelbar an die Ausländereigenschaft an. Fraglich ist damit, ob die ungeschriebenen Rechtfertigungsgründe auch **auf unmittelbare Diskriminierungen anwendbar** sind. Der EuGH hatte bisher keine Gelegenheit zu dieser Frage Stellung zu nehmen. In der Literatur wird diese Frage bisweilen mit einem Hinweis auf die Rechtsprechung zu den versteckten Diskriminierungen bejaht[18], während andere eine Rechtfertigung von unmittelbaren Diskriminierungen durch ungeschriebene Rechtfertigungsgründe als zu weitgehend empfinden.[19] Jedenfalls im vorliegenden Fall, in dem schon die geschriebenen Rechtfertigungsgründe aufgrund der unmittelbaren Diskriminierung durch das Verfolgen des Verbots nur gegenüber Ausländern keine Anwendung finden, wäre es widersinnig, die ungeschriebenen Rechtfertigungsgründe zur Anwendung zu bringen. Damit würde das soeben gefundene Ergebnis ohne sachlichen Grund konterkariert. Damit kann die Maßnahme auch nicht unter Berufung auf ungeschriebene Rechtfertigungsgründe gerechtfertigt werden.

III. Grundrechte

14 Die ratio der soeben genannten Begründung schließt auch die Anwendung der Grundrechte als Rechtfertigungsgrund aus.

---

[17] *EuGH*, Rs. C-55/98 (Vestergaard), ECLI:EU:C:1999:533, Rn. 21 ff.
[18] *Weiß* EuZW 1999, 493 (497).
[19] *Ehlers*, Allgemeine Lehren, in: *Ehlers*, Europäische Grundrechte und Grundfreiheiten, § 7, Rn. 102.

E. Ergebnis

Die Verfolgung des Cannabis-Verkaufsverbots im Falle des Verkaufs an Ausländer kann mithin nicht gerechtfertigt werden und verstößt daher gegen die Dienstleistungsfreiheit gem. Art. 56 AEUV.

Zur Vertiefung: 📖 *Purnhagen*, Europarecht, 2022, Kapitel 7, Rn. 96 ff.; Für die Schweiz: *Purnhagen*, Kein Rausch für Ausländer und andere europarechtliche Probleme, ius.full 2012, 24 ff.

Fall 5. Finanzmarktfonds

Inhalt: Kapitalverkehrsfreiheit, Schutz der Kleinanleger als Rechtfertigungsgrund.

Sachverhalt

Die durch die Finanzmarktkrise gebeutelte Bundesrepublik Deutschland erlässt ein Maßnahmenpaket für den nationalen Finanzmarkt, das das Vertrauen in die in den Finanzplatz Deutschland wieder herstellen soll. Da insbesondere die Zurückhaltung der Kleinanleger die Erholung des Finanzmarkts behindert, hat das Maßnahmenpaket genau diese Zielgruppe im Blick. Deutschland hat sich daher entschlossen, einen Fonds einzurichten, der bei Insolvenz einer AG den Verlust der Kleinaktionäre ausgleichen soll, um somit das Vertrauen der Kleinanleger in Aktieninvestitionen wiederherzustellen. Wenn eine AG am Kapitalmarkt in Deutschland tätig werden will, muss sie einen bestimmten Betrag in diesen Fonds einzahlen.

Die renommierte Schweizer Kreditbank AG (K) hat sich bei der Kreditvergabe im osteuropäischen Ausland verschätzt und benötigt dringend neues Kapital. Aus diesem Grund möchte sie Anteile an ihrem Unternehmen auf dem Kapitalmarkt in Deutschland verkaufen. Allerdings hat sie angesichts ihres Beitrags, den sie zum Fonds leisten müsste, bedenken, ob sich ein Handel in Deutschland für sie lohnt oder ob sie lieber auf einem anderen Kapitalmarkt in der EU verkaufen sollte. Sie hält den Fonds ohnehin für nicht mit der europäischen Kapitalverkehrsfreiheit vereinbar. Außerdem sei es nicht ihre Aufgabe, die Kleinanleger zu schützen, sondern dies sei Aufgabe des Staats. Daher solle Deutschland doch selbst einen solchen Fonds aus Steuern und Abgaben finanzieren, und nicht die Wirtschaft damit noch zusätzlich belasten. Um den Anlegerschutz zu gewährleisten, gäbe es ohnehin mildere Mittel als die Einrichtung eines solchen Fonds. Man könnte beispielsweise bestimmte Zertifikate vergeben, Zulassungsverfahren einführen oder auf andere Weise das Wissen der Kleinanleger schulen.

Da Sie gerade in der Rechtsabteilung der K ein Praktikum absolvieren und das europarechtliche Wissen des eigentlich zuständigen Rechtsberaters nur marginal vorhanden ist, werden Sie nach den Erfolgsaussichten einer Klage gefragt. Genauer möchte man von Ihnen wissen, ob der Fonds mit der Kapitalverkehrsfreiheit vereinbar ist. Nachdem Sie sich zutreffend versichert haben, dass es kein einschlägiges Sekundärrecht gibt, verfassen Sie daher folgendes Gutachten.

Bearbeitervermerk: Gehen Sie davon aus, dass kein einschlägiges Sekundärrecht besteht.

Gliederung

A. Vorprüfung
B. Anwendungsbereich
  I. Persönlich
  II. Sachlich
C. Beeinträchtigung
  I. Maßnahme eines Verpflichteten
  II. Diskriminierung
  III. Beschränkung
D. Rechtfertigung
  I. Geschriebene Rechtfertigungsgründe
  II. Ungeschriebene Rechtfertigungsgründe
  III. Grundrechte
    1. Geeignetheit
    2. Erforderlichkeit
    3. Angemessenheit
  IV. Verhältnismäßigkeit
E. Ergebnis

Lösung

Die Verpflichtung zur Einzahlung in einen Fonds mit dem Ziel der Zulassung zur Tätigkeit am Kapitalmarkt in der Bundesrepublik Deutschland (BRD) könnte gegen die Kapitalverkehrsfreiheit gem. Art. 63 Abs. 1 AEUV verstoßen. **1**

A. Vorprüfung

Einschlägiges Sekundärrecht, welches den Sachverhalt abschließend regelt, ist nicht vorhanden. Da die K Schweizer Aktien in der BRD handeln möchte, ist der Sachverhalt auch grenzüberschreitend. **2**

B. Anwendungsbereich

Der Anwendungsbereich der Dienstleistungsfreiheit müsste eröffnet sein, wobei der Anwendungsbereich grundsätzlich **weit auszulegen** ist. **3**

I. Persönlich

Fraglich ist, ob K sich auf die Kapitalverkehrsfreiheit berufen kann, obwohl sie **als Schweizer Unternehmen nicht in einem Mitgliedstaat der EU ansässig** ist. Gem. Art. 63 Abs. 1 AEUV sind Beschränkungen des Kapitalverkehrs „zwischen den Mitgliedstaaten und dritten Ländern verboten". Mithin umfasst diese Grundfreiheit das Kapital selbst, nicht den Leistenden oder den Empfänger. Daher können sich auch **Drittstaatsangehörige** auf die Kapitalverkehrsfreiheit berufen. Der persönliche Anwendungsbereich ist daher unmittelbar auch EU-Ausländern eröffnet. K kann sich mithin auf die Kapitalverkehrsfreiheit berufen. **4**

II. Sachlich

Der Verkauf von Schweizer Aktien in der BRD müsste in den sachlichen Anwendungsbereich der Kapitalverkehrsfreiheit fallen. Die Freiheit des Kapitalverkehrs umfasst eine Übertragung von Vermögenswerten über eine mitgliedstaatliche Grenze hinweg, die primär zu Anlagezwecken erfolgt und nicht der Zahlungserbringung, insbesondere als Gegenleistung von Waren-, Dienst-, oder Kapitalgeschäften, dient. **5**

Hinweis: Ob ein bestimmter Sachverhalt in den Anwendungsbereich der Kapitalverkehrsfreiheit fällt, kann zunächst anhand des Annex 1 der Richtlinie 88/361/EWG, der eine nicht abschließende Liste möglicher Kapitaltransaktionen enthält, ermittelt werden. Die dort aufgeführten Transaktionen fallen in den Geltungsbereich der Kapitalverkehrsfreiheit. In diesem Fall ist das Vorliegen einschlägigen Sekundärrechts im Bearbeitervermerk ausgeschlossen, daher kann nicht erwartet werden, dass auf Annex 1 der Richtlinie 88/361/EWG rekurriert wird. Daher ist hier die vorgenannte Definition direkt anzuwenden.

6 Aktien der K stellen Vermögenswerte dar, die zum Verkauf verbracht und damit übertragen werden sollen. Fraglich ist jedoch, ob der Verkauf „über eine mitgliedstaatliche Grenze hinweg" geschieht. Vorliegend gedenkt K die Aktien aus dem Nicht-EU-Mitgliedstaat Schweiz in der BRD zum Verkauf anzubieten. Sollte „über eine mitgliedstaatliche Grenze hinweg" daher so verstanden werden, dass auf beiden Seiten des Kapitalflusses jeweils ein Mitgliedstaat stehen muss, so wäre dieses Merkmal vorliegend nicht gegeben. Allerdings stellt Art. 63 Abs. 1 AEUV klar, dass auch Beschränkungen „zwischen den Mitgliedstaaten und dritten Ländern verboten" sind. Mithin muss lediglich der **Start- oder Zielstaat des Kapitaltransfers ein EU-Mitgliedstaat** sein. Damit ist auch der Kapitaltransfer von Drittstaaten wie beispielsweise der Schweiz erfasst, so genanntes „erga omnes"-Prinzip. K plant die Aktien von der Schweiz über die Grenze von EU-Mitglied BRD als Zielstaat zu übertragen, daher erfolgt die Übertragung auch „über eine mitgliedstaatliche Grenze hinweg". Ferner dient die Übertragung „primär zu Anlagezwecken", da sie zur Kapitalbeschaffung dienen soll. Der Verkauf der Aktien der K in der BRD fällt daher in den Geltungsbereich der Kapitalverkehrsfreiheit.

C. Beeinträchtigung

7 Die Maßnahme müsste den Anwendungsbereich beeinträchtigen.

I. Maßnahme eines Verpflichteten

8 Fraglich ist, ob die Einrichtung des Fonds durch die BRD als Maßnahme eines Verpflichteten zu verstehen ist. Verpflichtete der Kapitalverkehrsfreiheit sind nur die Mitgliedstaaten und die Union. Zwar hat die BRD als Mitglied der EU die Einrichtung des Fonds beschlossen, jedoch könnte die Einrichtung des Fonds nicht als staatliche Maßnahme gelten, da das eingenommene Geld nicht zugunsten des Staatshaushalts, sondern **zugunsten eines privaten Fonds** erhoben wird. Damit könnte man die Staatlichkeit der Maßnahme verneinen. Bei der Prüfung, ob eine staatliche Maßnahme vorliegt, kommt es jedoch nicht darauf an, welche Institution letztlich von den Einnahmen profitiert. Entscheidend ist allein, ob die Maßnahme eine hoheitliche ist. Hier hat die BRD die Verpflichtung zur Einzahlung in den Fonds erlassen, damit handelt es sich um eine hoheitliche Maßnahme eines Verpflichteten.

Die Verpflichtung zur Einzahlung in den Fonds müsste darüber hinaus eine Diskriminierung oder Beschränkung darstellen. **9**

II. Diskriminierung

Jede Form der Diskriminierung aufgrund der Staatsangehörigkeit stellt einen Eingriff in die Kapitalverkehrsfreiheit dar. Vorliegend obliegen alle Anbieter auf dem Kapitalmarkt der BRD unabhängig von ihrer Staatsangehörigkeit der Einzahlungspflicht in den Fonds. Die Maßnahme ist damit keine Diskriminierung. **10**

III. Beschränkung

Allerdings könnte eine Beschränkung vorliegen. Seit der Entscheidung Goldene Aktien II[20] ist geklärt, dass jede Form der Beschränkung eine Beeinträchtigung der Kapitalverkehrsfreiheit darstellt. Art. 63 Abs. 1 AEUV statuiert insoweit auch ausdrücklich ein „Beschränkungsverbot". Daher kann zur Beantwortung der Frage, ob es sich bei der Verpflichtung zur Einzahlung in den Fonds um eine Beschränkung handelt auf die Grundsätze der **Dassonville**-Formel zurückgegriffen werden. Demnach ist jede Maßnahme, die geeignet ist, den freien Kapitalverkehr unmittelbar oder mittelbar, tatsächlich oder potenziell zu behindern eine Beschränkung. Vorliegend ist die Europarechtswidrigkeit der Verpflichtung in den Fonds einzuzahlen maßgeblich für die Entscheidung der K, auf dem Kapitalmarkt in der BRD tätig zu werden. Damit ist die Maßnahme zumindest potenziell geeignet, den freien Kapitalverkehr in der EU zu behindern und stellt damit eine Beschränkung i.S.d. Dassonville-Formel dar. **11**

Einschränkend finden jedoch auch im Rahmen des Kapitalverkehrs, wie der *EuGH* in Goldene Aktien IV[21] deutlich gemacht hat, die Grundsätze der Keck-Rechtsprechung Anwendung. Der *EuGH* hat sie im Rahmen der Kapitalverkehrsfreiheit jedoch, wie nunmehr auch in der Warenverkehrsfreiheit, als reines **Marktzugangskriterium** angewendet. Somit wäre in der Einzahlungsverpflichtung in den Fonds **12**

---

[20] *EuGH*, Rs. C-483/99 (Goldene Aktien II), , ECLI:EU:C:2002:327 Rn. 43.
[21] *EuGH*, Rs. C-463/00 (Goldene Aktien IV), ECLI:EU:C:2003:272, Rn. 58 ff.

42 Fall 5. Finanzmarktfonds

nur dann eine Beschränkung zu sehen, wenn dadurch der Zugang zum Kapitalmarkt behindert würde. Zwar könnte man davon ausgehen, dass der Zugang deshalb nicht beschränkt ist, da inländische und ausländische Firmen gleichermaßen in den Fonds einzahlen müssen. Allerdings kommen die Einnahmen aus dem Fonds ausschließlich den deutschen Kleinanlegern zugute. In Anlehnung an die Begründung der Urteile zu parafiskalischen Abgaben[22] ist daher davon auszugehen, dass K der Zugang zum Kapitalmarkt in der BRD verwehrt wird. Damit ist die Verpflichtung auch eine Beschränkung i.S.d. Zugangs-Formel.

D. Rechtfertigung

13 Die Verpflichtung zur Einzahlung in den Fonds könnte gerechtfertigt sein.

I. Geschriebene Rechtfertigungsgründe

14 Die geschriebenen Rechtfertigungsgründe des Art. 64 Abs. 1 lit. b AEUV sind zwar wie im vorliegenden Fall gegenüber Drittstaaten anwendbar, jedoch ist aufgrund der grundsätzlich engen Auslegung der Rechtfertigungsgründe vorliegend keiner der geschriebenen Rechtfertigungsgründe einschlägig.

II. Ungeschriebene Rechtfertigungsgründe

15 Das Gesetz könnte durch ungeschriebene Rechtfertigungsgründe, sog. **notwendige und zwingende Erfordernisse** i.S.d. Cassis-de-Dijon Rechtsprechung, gerechtfertigt sein. Als zwingendes Erfordernis könnte hier der Schutz der Anleger gelten. Man könnte unter Hinweis auf die Rs. Audiolux[23] davon ausgehen, dass zwar der Schutz der Anleger, nicht jedoch der **Schutz von Kleinanlegern** einen Rechtfertigungsgrund darstellt. In Audiolux traf der *EuGH* jedoch keine direkte Aussage über die Frage der zwingenden Erfordernisse, sondern verneinte die allgemeinere Frage, ob der Schutz der Kleinanleger ein Prinzip des Unionsrechts sei. Daher ist vielmehr davon auszugehen, dass der *EuGH* bei seiner Grundsatzentscheidung in Caixa France[24] bleibt, in der der *EuGH* den Kleinanlegerschutz als ungeschriebenen Rechtfertigungsgrund anerkannt hat. Vorliegend soll mit der Existenz des Fonds das Vertrauen der Kleinanleger in den deutschen Kapitalmarkt gestärkt

---

[22] *EuGH,* Rs. C-72/92 (Scharbatke), ECLI:EU:C:1993:858, Rn. 16.
[23] *EuGH,* Rs. C-101/08 (Audiolux) , ECLI:EU:C:2009:626, Rn. 36, 42, 63.
[24] *EuGH,* Rs. C-442/02 (CaixaBank France) ECLI:EU:C:2004:586, Rn. 21.

werden; das Geld des Fonds soll im Krisenfall Verlustausfälle von Kleinanlegern ausgleichen. Damit dient die Maßnahme primär dem Schutz von Kleinanlegern, welcher hier als Rechtfertigungsgrund einschlägig ist.

III. Grundrechte

Ferner könnten die Grundrechte der Kleinanleger als Rechtfertigungsgrund gereichen. In Frage kommt das Grundrecht der Kleinanleger auf **Eigentum an dem investierten Geld** gem. Art. 17 GR-Charta. Unabhängig von der Frage, ob das investierte Geld überhaupt von der Eigentumsgarantie erfasst ist, stellt sich die Frage, ob der Eingriff auch gerechtfertigt ist. Es dürfte nicht außer Verhältnis zur dadurch eingeschränkten Kapitalverkehrsfreiheit stehen. 16

1. Geeignetheit

Der Fonds würde im Krisenfall Verluste von Kleinanlegern ausgleichen, dafür wird das Geld aus der Einzahlungsverpflichtung verwendet. Damit ist die Einzahlungsverpflichtung geeignet, Kleinanleger zu schützen. 17

2. Erforderlichkeit

Fraglich ist jedoch, ob die Einzahlungsverpflichtung auch erforderlich ist. Dies wäre dann nicht der Fall, wenn ein **milderes, gleich geeignetes Mittel** zur Zweckerreichung zur Verfügung stehen würde. Ein solches milderes Mittel könnten insbesondere die von K vorgebrachten Maßnahmen, wie beispielsweise die Unterrichtung der Verbraucher, die Einführung von Zertifikaten oder Zulassungsverfahren darstellen. Diese Mittel wären ebenfalls zum Schutz der Kleinanleger geeignet, jedoch würden diese Mittel keinen Verlustausgleich im Krisenfall gewährleisten. Damit sind sie nicht gleich geeignet wie die Statuierung der Zahlungsverpflichtung in den Fonds. Somit ist diese Verpflichtung auch erforderlich. 18

3. Angemessenheit

Ferner müsste die Verpflichtung auch angemessen oder verhältnismäßig i.e.S. sein. Angemessen ist eine Maßnahme nur dann, wenn die rechtlichen Nachteile, die mit der Maßnahme verbunden sind, nicht völlig außer Verhältnis zu den rechtlichen Vorteilen stehen, die sie bewirkt. Vorliegend greift die BRD in das Recht des K ein, den Preis ihrer Aktien beim Verkauf auf dem deutschen Markt dem freien Markt entsprechend zu bestimmen. Die künstliche Bepreisung in Form der Zahlungsverpflichtung wurde jedoch eingeführt, um einen Fonds zum 19

Ausgleich von Verlusten von Kleinanlegern im Krisenfall zu schaffen. Die Maßnahme ist notwendig, um das Vertrauen von Kleinanlegern in den Kapitalmarkt als Ganzes zu gewährleisten. Da Kleinanleger einen wesentlichen Beitrag zum Investitionskapital leisten und damit das Funktionieren der Marktwirtschaft als Ganzes vom Verbrauchervertrauen abhängig ist, ist dieses Ziel insbesondere vor dem Hintergrund des Art. 12; 169 Abs. 1 AEUV sowie des Art. 38 GR-Charta besonders hoch zu gewichten. Daher ist die Maßnahme der BRD auch angemessen.

IV. Verhältnismäßigkeit

20 Die Verpflichtung zur Einzahlung müsste darüber hinaus hinsichtlich der Gewährleistung der ungeschriebenen Rechtfertigungsgründe im Rahmen der Kapitalverkehrsfreiheit verhältnismäßig sein.

21 Fraglich ist, ob das Gesetz nicht aus Gründen des **Kleinanlegerschutzes** gerechtfertigt sein könnte. Dazu müsste es zunächst geeignet sein, dieses Ziel zu erreichen. Vorliegend soll mit der Existenz des Fonds das Vertrauen der Kleinanleger in den deutschen Kapitalmarkt gestärkt werden, das Geld des Fonds soll im Krisenfall Verlustausfälle von Kleinanlegern ausgleichen. Es ist mithin geeignet, das Anlegervertrauen zu stärken. Fraglich ist jedoch, ob ein milderes Mittel zur Verfügung steht. Zwar zielt der Anlegerschutz im EU-Recht in erster Linie darauf ab, dem **umsichtigen Verbraucher eine informierte Anlageentscheidung** zu ermöglichen. Die Bereitstellung eines solchen Fonds geht damit über das EU-rechtlich erforderliche hinaus. Dies ist angesichts des grundsätzlich minimalharmonisierenden Charakters der Finanzmarktvorschriften der EU kein Hindernis. Fraglich ist damit allein, ob ein milderes Mittel gleich wirksam zum Ziel führen würde. In dieser Hinsicht gilt das bereits im Rahmen der Verhältnismäßigkeitsprüfung der Grundrechte Gesagte entsprechend. Damit ist das Gesetz auch hinsichtlich des Anlegerschutzes verhältnismäßig.

E. Ergebnis

22 Die Verpflichtung zur Einzahlung in einen Fonds, um eine Zulassung zur Tätigkeit am Kapitalmarkt in der BRD zu erlangen, verstößt damit nicht gegen die Kapitalverkehrsfreiheit gem. Art. 63 Abs. 1 AEUV.

Zur Vertiefung: 📖 *Purnhagen*, Europarecht, 2022, Kapitel 7, Rn. 114 ff.

Fall 6. Bankdrücker

Inhalt: Arbeitnehmerfreizügigkeit, Bindung Privater an Grundfreiheiten, Anwendbarkeit ungeschriebener Rechtfertigungsgründe auf Diskriminierungen.

Sachverhalt

B ist Profifußballer deutscher Nationalität und spielt bereits seit einigen Jahren bei einem belgischen Verein. Aufgrund einer Regelung des privaten Europäischen Fußballverbandes UEFA mit Sitz in der Schweiz kommt er jedoch nur selten zum Einsatz. Nach dieser Regelung dürfen in einem Team nur maximal drei ausländische Spieler gleichzeitig auf dem Platz stehen. B sitzt daher als vierter Ausländer regelmäßig auf der Bank. Aus diesem Grund beschließt B mit Ablauf seines Vertrages zu einem anderen Verein zu wechseln. Erneut macht ihm dabei eine Regelung der UEFA Probleme. Danach kann der Verein, dessen Spieler nach Vertragsende zu einem anderen Verein wechseln will, eine Ablösesumme bestimmen, die der neue Verein an den alten Verein zahlen muss. Der Verein, zu dem B wechseln möchte, ist zu dieser Zahlung allerdings nicht bereit. Es kommt daher zunächst nicht zu einem Wechsel. Einen neuen Vertrag bei seinem alten Verein erhält B aber auch nicht. B ist nun noch frustrierter und wendet sich an die Europäische Kommission. Diese hat ebenfalls Zweifel, ob diese Situation mit den Regelungen zum Europäischen Binnenmarkt vereinbar ist.

Der juristische Dienst wird daher mit der Frage betraut, die Vereinbarkeit mit den europäischen Grundfreiheiten zu überprüfen.

Bearbeitervermerk: Gehen Sie davon aus, dass kein einschlägiges Sekundärrecht besteht.

Hinweis: Der Fall ist der Rs. *EuGH,* Rs. C-415/93 (Bosman), ECLI:EU:C: 1995:463 nachgebildet.

Gliederung

A. Vorprüfung
B. Anwendungsbereich
    I. Persönlich
        1. EU-Bürger
        2. Arbeitnehmer
    II. Sachlich
        1. Recht auf Zugang zur Beschäftigung
        2. Recht auf Ausübung der Beschäftigung
    III. Bereichsausnahme
C. Beeinträchtigung
    I. Maßnahme eines Verpflichteten
    II. Diskriminierung
    III. Beschränkung
        1. Dassonville-Formel
        2. Zugangs-Formel (ANETT-Formel)
D. Rechtfertigung
    I. Geschriebene Rechtfertigungsgründe
    II. Ungeschriebene Rechtfertigungsgründe
        1. Anwendbarkeit der Cassis-Rechtsprechung
        2. Kultur als Rechtfertigungsgrund
        3. Verhältnismäßigkeit
    III. Grundrechte
E. Ergebnis

Lösung

Die Ausländerklausel und die Verpflichtung zur Zahlung einer Ablösesumme könnten gegen die Arbeitnehmerfreizügigkeit gem. Art. 45 AEUV verstoßen.

A. Vorprüfung

Einschlägiges Sekundärrecht, welches den Sachverhalt abschließend regelt, ist nicht vorhanden. Da es sich bei dem B um einen deutschen Profifußballer handelt, der in Belgien spielen möchte, ist der Sachverhalt auch grenzüberschreitend.

B. Anwendungsbereich

Der Anwendungsbereich der Arbeitnehmerfreizügigkeit müsste eröffnet sein, wobei der Anwendungsbereich grundsätzlich weit auszulegen ist.

I. Persönlich

Fraglich ist, ob B als deutscher **Profifußballer** in den Anwendungsbereich der Arbeitnehmerfreizügigkeit fällt.

1. EU-Bürger

Gem. Art. 45 Abs. 2 AEUV ist der persönliche Anwendungsbereich nur EU-Bürgern eröffnet. B ist als Deutscher **EU-Bürger** gem. Art. 20 AEUV, demnach ist der Anwendungsbereich für ihn zunächst eröffnet.

2. Arbeitnehmer

Gem. Art. 45 Abs. 1 AEUV müsste B ferner Arbeitnehmer sein. Ein Arbeitnehmer erbringt während einer bestimmten Zeit Leistungen von gewissem wirtschaftlichem Wert für einen anderen, ist hierbei von dessen Weisungen abhängig und erhält als Gegenleistung eine Vergütung, die nicht völlig untergeordnet oder unwesentlich ist. Fraglich ist, ob B eine **Leistung von einem gewissen wirtschaftlichen Wert** erbringt. Man könnte den Fußballsport als kulturelles Erbe der Mitgliedstaaten i.S.d. Art. 167 AEUV verstehen, in dessen Rahmen die EU nur unterstützend tätig werden dürfte. Jedenfalls wäre dadurch seine Eigenschaft als „wirtschaftlicher Wert" in Frage gestellt. Zwar ist der Sport Teil der mitgliedstaatlichen Kultur, allerdings überwiegt vor allem im Leistungsfußball klar das wirtschaftliche Element. Dies wird schon dadurch deutlich, dass ausländische Fußballer zu den Vereinen zugelassen werden. Für B ist das Fußballspielen genauso eine Tätigkeit für die er als Gegenleistung eine monetäre Vergütung erhält wie für jeden anderen Arbeitnehmer seine entsprechende Tätigkeit auch. Daher gibt es keinen Grund, warum B sich nicht auf den Schutz der Arbeitnehmerfreizügigkeit berufen sollte. B ist mithin Arbeitnehmer i.S.d. Art. 45 Abs. 1 AEUV.

7 Der persönliche Anwendungsbereich der Arbeitnehmerfreizügigkeit ist daher eröffnet.

II. Sachlich

8 Die Regelungen über die Ablösesumme sowie über die Ausländerklausel müssten in den sachlichen Anwendungsbereich der Arbeitnehmerfreizügigkeit fallen. Umfasst sind hiervon gem. Art. 45 Abs. 3a-d AEUV das Recht auf Zugang und Ausübung der Beschäftigung sowie das Verbleibe- und Daueraufenthaltsrecht.

1. Recht auf Zugang zur Beschäftigung

9 Hinsichtlich der Zahlung der Ablösesumme könnte das Recht des B auf Zugang zur Tätigkeit als Fußballer bei einem neuen Verein verletzt sein. In der Tat behindert diese Regelung die Freiheit des B, seinen Verein (und damit seinen Arbeitgeber) zu wechseln. Ihm wird in dieser Hinsicht auch der Wechsel ins Ausland erschwert, da ein solcher Wechsel immer von der Zahlung der Ablösesumme abhängig gemacht wird. Damit wird der Zugang des B zur Beschäftigung als Fußballer im Ausland behindert.

2. Recht auf Ausübung der Beschäftigung

10 Hinsichtlich der Ausländerklausel könnte das Recht des B auf Ausübung der Beschäftigung beeinträchtigt sein. Die Ausländerklausel verhindert, dass B nach Vertragsabschluss und damit nach erfolgtem Zugang zum Arbeitsmarkt auch tatsächlich als Spieler zum Einsatz kommt. Damit beeinträchtigt die Ausländerklausel das Recht des B auf Ausübung seiner Beschäftigung als Profifußballer.

11 Der sachliche Anwendungsbereich der Arbeitnehmerfreizügigkeit ist daher eröffnet.

III. Bereichsausnahme

B hat keine originär hoheitliche Beschäftigung, damit ist er auch kein Beschäftigter der öffentlichen Verwaltung. Die Bereichsausnahme des Art. 45 Abs. 4 AEUV ist daher nicht anwendbar. 12

C. Beeinträchtigung

Die Maßnahme müsste den Anwendungsbereich beeinträchtigen. 13

I. Maßnahme eines Verpflichteten

Fraglich ist, ob die Einrichtung der Möglichkeit zur Zahlung einer Ablösesumme sowie die Ausländerklausel als Maßnahmen eines Verpflichteten anzusehen sind. Verpflichtete der Arbeitnehmerfreizügigkeit sind in jedem Fall die Union und deren Mitgliedstaaten. Vorliegend wurden die Maßnahmen aber von der privaten Schweizer Organisation UEFA erlassen. Fraglich ist, ob eine solche private Organisation Verpflichtete der Grundfreiheiten sein kann. Privatpersonen sind immer dann Verpflichtete der Grundfreiheiten, wenn sich die fragliche Grundfreiheit typischerweise gerade in solchen privaten Vertragsverhältnissen verwirklicht. Die unter die Arbeitnehmerfreizügigkeit fallenden Sachverhalte sind aufgrund des Grundsatzes der Privat- und Tarifautonomie gerade Verhandlungssache zwischen privatem Arbeitgeber und Arbeitnehmer. Damit verwirklicht sich die Arbeitnehmerfreizügigkeit gerade in privaten Verhältnissen. Die UEFA ist daher auch grundsätzlich Verpflichtete der Arbeitnehmerfreizügigkeit. 14

Fraglich ist, ob sich etwas anderes daraus ergibt, dass es sich bei der UEFA um eine Schweizer Person handelt und sie damit nicht in einem Mitgliedstaat der EU ansässig ist. Da die Regelungen Auswirkungen auf EU-Staatsbürger haben, die sich innerhalb der EU bewegen, ist diese Tatsache jedoch unschädlich. Sonst hätte es eine Person mit der Verlegung ihres Sitzes in der Hand, den Anwendungsbereich des EU-Rechts zu bestimmen. 15

Beide Maßnahmen sind damit solche eines Verpflichteten. Die Maßnahmen müssten darüber hinaus eine Diskriminierung oder eine Beschränkung darstellen. 16

II. Diskriminierung

Jede Form der Diskriminierung aufgrund der Staatsangehörigkeit stellt gem. Art. 45 Abs. 2 AEUV eine Beeinträchtigung der Arbeitnehmerfreizügigkeit dar. Die **Ausländerklausel** knüpft ihren Rege- 17 lungsgehalt gerade an das Vorliegen der Ausländereigenschaft. Damit ist sie diskriminierend und stellt eine Beeinträchtigung der Arbeitnehmerfreizügigkeit dar. Die Regelung zur Zahlung der Ablösesumme hingegen ist nicht an die Staatsbürgerschaft des B geknüpft und stellt damit keine Diskriminierung dar.

III. Beschränkung

18 Fraglich ist, ob die **Regelungen zur Zahlung einer Ablösesumme** eine Beschränkung darstellt. Der Wortlaut des Art. 45 Abs. 2 AEUV erlaubt als Beeinträchtigung nur eine „auf der Staatsangehörigkeit beruhenden unterschiedliche(n) Behandlung". Damit ist Art. 45 Abs. 2 AEUV immer noch als Diskriminierungsverbot ausgestaltet. Die Regelung zur Zahlung einer Ablösesumme knüpft jedoch nicht an die Staatsangehörigkeit eines Fußballers an, sondern gilt für alle Fußballer. Jedoch kann sie ebenso geeignet sein, der Errichtung eines Binnenmarkts entgegenzustehen. Art. 45 AEUV mit dem Wortlaut als reines Diskriminierungsverbot zu verstehen ist mithin mit dem Grundsatz des effet utile nicht vereinbar. Vielmehr müssen auch **Beschränkungen** der Arbeitnehmerfreizügigkeit als Beeinträchtigung angesehen werden. Somit ist fraglich, ob die Zahlung der Ablösesumme eine Beschränkung darstellt.

1. Dassonville-Formel

19 Beschränkungen der Arbeitnehmerfreizügigkeit sind alle Bestimmungen, die einen Staatsangehörigen eines Mitgliedstaats daran hindern oder davon abhalten, sein Herkunftsland zu verlassen, um von seinem Recht auf Freizügigkeit Gebrauch zu machen. Insoweit kann zur Beantwortung der Frage, ob es sich bei der Verpflichtung zur Zahlung der Ablösesumme um eine Beschränkung handelt auf die Grundsätze der **Dassonville-Formel** analog zurückgegriffen werden. Demnach ist jede Maßnahme, die geeignet ist, die Arbeitnehmerfreizügigkeit unmittelbar oder mittelbar, tatsächlich oder potenziell zu behindern, eine Beschränkung. Hier wird B durch die Weigerung des Vereins zur Zahlung der Ablösesumme daran gehindert, zu diesem Verein zu wechseln. Zwar ist unklar, ob der Wechsel nur innerhalb Belgiens oder aber grenzüberschreitend erfolgt. Dies ist jedoch unerheblich, da potenziell grenzüberschreitende Auswirkungen ausreichen. Somit ist die Verpflichtung zur Zahlung der Ablösesumme eine Beschränkung im Sinne der Dassonville-Formel.

2. Zugangs-Formel (ANETT-Formel)

Einschränkend finden jedoch sodann auch im Rahmen der Arbeitnehmerfreizügigkeit, wie der *EuGH* im Fall Bosman[25] deutlich gemacht hat, die Grundsätze der Keck-Rechtsprechung Anwendung. Der *EuGH* hat sie im Rahmen der Arbeitnehmerfreizügigkeit jedoch, wie nunmehr auch in der Warenverkehrsfreiheit, als reines Marktzugangskriterium angewendet. Somit wäre in der Regelung über die Zahlung der Ablösesumme nur dann eine Beschränkung zu sehen, wenn dadurch der **Zugang zum Beruf** behindert würde.   20

Hinweis: Zwar wurde die Beschränkung des Zugangs zum Beruf bereits im Rahmen des Anwendungsbereichs bejaht, daher könnte man auf den Gedanken kommen, zur Beantwortung dieser Frage nach oben zu verweisen. Jedoch erfolgt hier die Frage nach der Zugangsbeschränkung unter anderen Gesichtspunkten, nämlich vor dem Hintergrund der durch die Rs. Bosman und Graf eingeführten Unterscheidung zwischen Berufszugangsbeschränkung und Berufsausübungsbeschränkung. Beide können auch Sachverhalte betreffen, die im Anwendungsbereich als Berufszugangsregelung qualifiziert sind. Daher ist der Begriff des Zugangs hier enger und muss neu geprüft werden.

Die Regelung über die Ablösesumme hindert B zunächst nicht an der Ausübung seines Berufs als Fußballer. Diese Regeln sind jedoch geeignet, die Freizügigkeit der Spieler, die ihre Tätigkeit in einem anderen Mitgliedstaat ausüben wollen, so einzuschränken, dass sie die Spieler sogar nach Ablauf der Arbeitsverträge mit den Vereinen, denen sie angehören, daran hindern oder davon abhalten, diese Vereine zu verlassen. Die Regelungen über die Ablösesumme beeinträchtigen damit das Recht des B auf Zugang zur Beschäftigung. Sie können daher nicht den Regelungen über die Modalitäten des Verkaufs von Waren analog der Keck-Rechtsprechung gleichgestellt werden.[26]   21

Somit beeinträchtigen die Ausländerklausel und die Regelungen zur Zahlung einer Ablösesumme das Recht des B auf Arbeitnehmerfreizügigkeit.   22

D. Rechtfertigung

Die Ausländerklausel und die Regelungen zur Zahlung einer Ablösesumme könnten gerechtfertigt sein. Rechtfertigungsgründe sind grundsätzlich **eng auszulegen**.   23

---

[25] *EuGH*, Rs. C-415/93 (Bosman), ECLI:EU:C:1995:463, Rn. 102 ff.
[26] *EuGH*, Rs. C-415/93 (Bosman), ECLI:EU:C:1995:463, Rn. 99.

I. Geschriebene Rechtfertigungsgründe

24 Es bestehen keine Anhaltspunkte für das Eingreifen der geschriebenen Rechtfertigungsgründe des Art. 45 Abs. 3 AEUV.

II. Ungeschriebene Rechtfertigungsgründe

25 Die Ausländerklausel und die Regelungen zur Zahlung einer Ablösesumme könnten durch ungeschriebene Rechtfertigungsgründe, sog. **notwendige und zwingende Erfordernisse** i.S.d. Cassis-de-Dijon Rechtsprechung, gerechtfertigt sein.

1. Anwendbarkeit der Cassis-Rechtsprechung

26 Ursprünglich waren solche Rechtfertigungsgründe nach dem Wortlaut der Cassis-de-Dijon-Rechtsprechung nicht auf Diskriminierungen anwendbar. Hier diskriminiert die Ausländerklausel unmittelbar aufgrund der Staatsangehörigkeit, demnach wäre es nicht möglich, die Beeinträchtigung unter Hinweis auf ungeschriebene Gründe zu rechtfertigen. Es kann jedoch zur Binnenmarktverwirklichung notwendig sein, auch Diskriminierungen zu rechtfertigen, wenn ein besonders wichtiger Grund besteht. Der *EuGH* hat daher die ungeschriebenen Rechtfertigungsgründe zumindest auf versteckte Diskriminierungen angewendet.[27] Vorliegend knüpft die Ausländerklausel jedoch unmittelbar an die Ausländereigenschaft an. Fraglich ist damit, ob die **ungeschriebenen Rechtfertigungsgründe auch auf unmittelbare Diskriminierungen** anwendbar sind. Der *EuGH* hatte bisher keine Gelegenheit zu dieser Frage Stellung zu nehmen. In der Literatur wird diese Frage bisweilen mit einem Hinweis auf die Rechtsprechung zu den versteckten Diskriminierungen bejaht[28], während andere eine Rechtfertigung von unmittelbaren Diskriminierungen durch ungeschriebene Rechtfertigungsgründe als zu weitgehend empfinden.[29] Eine Entscheidung in dieser Streitfrage kann dahinstehen, wenn ein möglicher Rechtfertigungsgrund ohnehin nicht einschlägig wäre. Hingegen stellen die Regelungen zur Zahlung einer Ablösesumme eine Beschränkung dar, sodass die Cassis-Rechtsprechung diesbezüglich Anwendung findet.

---

[27] *EuGH*, Rs. C-55/98 (Vestergaard), ECLI:EU:C:1999:533, Rn. 21 ff.
[28] *Weiß* EuZW 1999, 493, 497.
[29] *Ehlers*, Allgemeine Lehren, in: *Ehlers*, Europäische Grundrechte und Grundfreiheiten, § 7 Rn. 102.

2. Kultur als Rechtfertigungsgrund

Denkbar ist hier vor allem die Wahrung der mitgliedstaatlichen Kultur, die Sport traditionell mit der Staatsangehörigkeit des jeweiligen Landes verknüpft. Durch die Transferregeln sollen das finanzielle und sportliche Gleichgewicht zwischen den Vereinen aufrechterhalten und die Suche nach Talenten sowie die Ausbildung der jungen Spieler unterstützt werden. Somit kann die Wahrung der mitgliedstaatlichen Kultur als Rechtfertigungsgrund für beide Maßnahmen herangezogen werden. 27

3. Verhältnismäßigkeit

Die Ausländerklausel und die Regelungen zur Zahlung einer Ablösesumme müssten jedoch hinsichtlich des Rechtfertigungsgrundes „Kultur" verhältnismäßig sein. 28

Fraglich ist schon, ob die Ausländerklausel geeignet ist, das Ziel der Wahrung der mitgliedstaatlichen Kultur zu erreichen. Grundsätzlich haben Mitgliedstaaten, wie sich aus der Natur der Kompetenzverteilung i.S.d. Art. 167 AEUV ergibt, einen weiten Beurteilungsspielraum hinsichtlich der Identitätsbestimmung ihrer nationalen Kultur. Dies rechtfertigt jedoch nicht, rein protektionistische Maßnahmen unter dem Deckmantel der Kultur einzuführen, die völlig ungeeignet zur Förderung der nationalstaatlichen Kultur sind. Kulturell sind Fußballvereine in Europa nicht an den entsprechenden Nationalstaat, sondern an die Stadt oder Region gebunden. Gerade Ausländer weisen regelmäßig einen wesentlich größeren Bezug zu ihrem Heimatort als zum Nationalstaat auf, da sie in diesem mit ihrem sozialen Umfeld unmittelbar verbunden sind. Daher hat die Ausländerklausel rein protektionistischen Charakter und ist nicht geeignet, die mitgliedstaatliche Kultur zu fördern. 29

Auch bei den Regelungen zur Zahlung einer Ablösesumme ist fraglich, ob solche Transferregelungen geeignet sind, das finanzielle und sportliche Gleichgewicht zwischen den Vereinen aufrechtzuerhalten. Diese Regelungen verhindern nicht, dass sich „reiche" Vereine die Dienste der besten Spieler sichern, noch dass die verfügbaren finanziellen Mittel ein entscheidender Faktor beim sportlichen Wettkampf sind. Auch die Regelungen zur Zahlung der Ablösesumme sind damit nicht geeignet, die mitgliedsstaatliche Fußballkultur zu fördern. 30

III. Grundrechte

Mögliche Grundrechte, die als Rechtfertigungsgrund herangezogen werden könnten, sind nicht ersichtlich. 31

E. Ergebnis

32 Die Ausländerklausel und die Regelungen zur Zahlung einer Ablösesumme verstoßen gegen die Arbeitnehmerfreizügigkeit gem. Art. 45 AEUV.

Zur Vertiefung: *Purnhagen*, Europarecht, 2022, Kapitel 7, Rn. 46 ff.

Fall 7. Bewegung in der Gesellschaft I

Inhalt: Niederlassungsfreiheit, identitätswahrende Umwandlung, Geschöpftheorie.

Sachverhalt

Die C ist eine nach ungarischem Recht gegründete Kommanditgesellschaft (betéti társaság), die dort mit Satzungs- und Verwaltungssitz im Handelsregister eingetragen ist. Sie beabsichtigt, ihren operativen Verwaltungssitz von Ungarn nach Italien zu verlegen. Sie möchte dabei allerdings ihren Rechtsstatus einer Gesellschaft ungarischen Rechts nicht aufgeben. Der Antrag auf Eintrag des neuen Sitzes der Gesellschaft im Handelsregister von Ungarn wurde durch das zuständige Registergericht abgelehnt. Das Gericht vertrat die Ansicht, dass es nach ungarischem Recht nicht zulässig sei, dass eine Gesellschaft ihren operativen Verwaltungssitz in einen anderen Mitgliedstaat verlege und gleichzeitig ihren Status als ungarische Gesellschaft aufrechterhalte. Vielmehr müsse sich die Gesellschaft in Ungarn auflösen und im Zielland nach dem dort geltenden Gesellschaftsrecht neu gründen.

Das angerufene Rechtsmittelgericht hat die Sache dem EuGH im Rahmen eines Vorabentscheidungsverfahren vorgelegt. Wie wird der EuGH den Sachverhalt beurteilen?

Bearbeitervermerk: Gehen Sie davon aus, dass kein einschlägiges Sekundärrecht besteht. Bitte prüfen Sie keine Annahmefähigkeit.

Hinweis: Der Fall ist der Rs. *EuGH,* C-210/06, (Cartesio), ECLI:EU:C:2008:723 nachgebildet.

Gliederung

A. Vorprüfung

B. Anwendungsbereich
  I. Persönlich
  II. Sachlich
   1. Geschöpftheorie
   2. Centros
   3. Überseering
   4. Daily Mail
   5. Cartesio
   6. Rottmann
  III. Bereichsausnahme

C. Beeinträchtigung
  I. Maßnahme eines Verpflichteten
  II. Diskriminierung
  III. Beschränkung
   1. Dassonville-Formel
   2. Zugangs-Formel (ANETT-Formel)

D. Rechtfertigung
  I. Rechtfertigungsgründe
  II. Grundrechte

E. Ergebnis

Lösung

Eine Auslegung wie die des ungarischen Registergerichts, nachdem eine Gesellschaft nicht ihren operativen Verwaltungssitz unter Beibehaltung der Rechtsnatur des Ursprungs-Mitgliedstaats in einen anderen Mitgliedstaat verlegen kann und sich im Ursprungs-Mitgliedstaat auflösen muss, könnte gegen die Niederlassungsfreiheit gem. Art. 49 Abs. 1 AEUV verstoßen.

A. Vorprüfung

Einschlägiges Sekundärrecht, welches den Sachverhalt abschließend regelt, ist nicht vorhanden. Da die Regelung gerade eine Sitzverlegung über eine mitgliedstaatliche Grenze hinweg zum Gegenstand hat, ist sie auch grenzüberschreitend.

B. Anwendungsbereich

Der Anwendungsbereich der Niederlassungsfreiheit müsste eröffnet sein, wobei der Anwendungsbereich grundsätzlich weit auszulegen ist.

I. Persönlich

Fraglich ist, ob eine **juristische Person** wie die C in den Anwendungsbereich der Niederlassungsfreiheit fällt. Gem. Art. 54 Abs. 1 AEUV fallen alle nach den Rechtsvorschriften eines Mitgliedstaats gegründeten Gesellschaften, die ihren satzungsmäßigen Sitz in einem Mitgliedstaat haben, in demselben Maße unter die Niederlassungsfreiheit wie natürliche Personen. Damit kann sich eine juristische Person auch auf die Niederlassungsfreiheit berufen.

II. Sachlich

Das Vorgehen der C müsste ferner in den sachlichen Anwendungsbereich der Niederlassungsfreiheit fallen. Damit müsste es sich bei dem Verhalten der C um eine „Niederlassung" handeln. Eine Niederlassung i.S.d. Art. 49 AEUV ist jede tatsächliche Ausübung einer wirtschaftlichen Tätigkeit mittels einer festen Einrichtung in einem anderen Mitgliedstaat auf unbestimmte Zeit. Fraglich ist allein, ob ein Verhalten wie das der C eine **„Ausübung"** i.S.d. Definition darstellt.

1. Geschöpftheorie

6   Würde man jede grenzüberschreitende Tätigkeit von Gesellschaften als „Ausübung" durch die Niederlassungsfreiheit schützen, so würde die EU **indirekt die Voraussetzungen der Rechtsfähigkeit juristischer Personen** regeln. Damit würde die Niederlassungsfreiheit im Ergebnis das durch Art. 54 Abs. 1 AEUV zum Vorschein tretende Recht der Mitgliedstaaten, die Rechtsfähigkeit von juristischen Personen selbst bestimmen zu können (sog. **Geschöpftheorie**), aushöhlen. Ein kompletter Verzicht auf den Schutz grenzüberschreitender Niederlassungen von Gesellschaften würde jedoch zu einem Leerlaufen des Anwendungsbereichs der Niederlassungsfreiheit führen. Damit wäre das ebenfalls in Art. 54 Abs. 1 AEUV statuierte Recht der Gesellschaften, gleich wie Unionsbürger behandelt zu werden, unterlaufen. Vor dem Hintergrund der Notwendigkeit, dieses Spannungsverhältnisses auflösen zu müssen, fallen daher nur solche Handlungen in den Anwendungsbereich der Niederlassungsfreiheit, welche die Geschöpftheorie nicht untergraben. Der *EuGH* hat in mehreren Entscheidungen im Rahmen seiner Aufgabe zur „Wahrung des Rechts" gem. Art. 19 Abs. 1 S. 2 EUV beständig ausgelotet, wann die Geschöpftheorie verletzt ist. Fraglich ist daher, wie ein Sachverhalt wie der Vorliegende im Lichte der Rechtsprechung des *EuGH* zu sehen ist.

2. Centros

7   Nach der Rechtsprechung in **Centros** genießen Zweigniederlassungen grundsätzlich den vollumfänglichen Schutz der Niederlassungsfreiheit. Hier geht es jedoch um die Frage der Verlegung des Verwaltungssitzes der Hauptniederlassung, Centros ist mithin nicht einschlägig.

3. Überseering

8   Nach der Entscheidung **Überseering** könnte man davon ausgehen, dass jede Gesellschaft, die einmal rechtmäßig in einem Mitgliedstaat gegründet worden ist, immer von der Niederlassungsfreiheit umfasst ist. Damit wäre jede Tätigkeit der C, die rechtmäßig nach ungarischem Recht gegründet wurde, als „Ausübung" von der Niederlassungsfreiheit geschützt. Würde man Überseering in einer solch weiten Auslegung verstehen, würde man letztlich in die Kompetenz der Mitgliedstaaten eingreifen, die Rechtsfähigkeit von Gesellschaften selbst bestimmen zu können.

4. Daily Mail

Nach der Rechtssache **Daily Mail** könnte man daher davon ausgehen, dass nur der Zuzug einer Gesellschaft als „Ausübung" geschützt ist, nicht aber der Wegzug. Hier könnte man die Tätigkeit der C als Wegzug aus Ungarn qualifizieren, der sodann nicht von der Niederlassungsfreiheit geschützt wäre. Allerdings könnte man das gleiche Verhalten auch als Zuzug nach Italien werten, der dann von der Niederlassungsfreiheit umfasst wäre. Eine sinnvolle Differenzierung zwischen Wegzug und Zuzug lässt sich daher nur im Hinblick auf die staatliche Maßnahme erreichen. Hier soll durch die Maßnahme (Erfordernis der Auflösung in Ungarn) der Wegzug von Gesellschaften verhindert werden. Würde man damit Daily Mail konsequent anwenden, wäre nur der Wegzug betroffen, der nicht als „Ausübung" von der Niederlassungsfreiheit geschützt wäre. Ein Handeln wie das der C wäre daher nicht von der Niederlassungsfreiheit geschützt.

9

5. Cartesio

Die Herausnahme aller Wegzugsfälle aus dem Anwendungsbereich der Niederlassungsfreiheit reflektiert jedoch nur die Notwendigkeit, die Geschöpftheorie zu verwirklichen. Damit sind Wegzugfälle, die nicht in das Recht der Mitgliedstaaten eingreifen, die Voraussetzungen der Rechtsfähigkeit von juristischen Personen zu bestimmen, auch von der Niederlassungsfreiheit umfasst. Eine identitätswahrende Umwandlung wie die der C nach dem Recht Italiens berührt nicht das Recht des Ursprungs-Mitgliedstaates, die Voraussetzungen der Rechtsfähigkeit selbst zu bestimmen. Damit sind sämtliche Maßnahmen, die diese Umwandlung nach dem Recht Italiens behindern, von der Niederlassungsfreiheit umfasst. Nicht geschützt sind jedoch diejenigen Maßnahmen, die in das Recht der Mitgliedstaaten eingreifen, die Rechtspersönlichkeit und damit auch die Rechtsfähigkeit juristischer Personen zu bestimmen. Würde die Niederlassungsfreiheit juristischen Personen das Recht einräumen, im Zielland weiter nach dem Recht ihres Heimatlandes tätig zu sein, obwohl sie dies nach dem Recht ihres Heimatlandes nicht dürften, so würde die Niederlassungsfreiheit in das Recht des Heimatlandes eingreifen, die Rechtsfähigkeit der juristischen Person zu bestimmen. Mithin ist dieses Recht nicht von der Niederlassungsfreiheit umfasst. Gewährt die Niederlassungsfreiheit der juristischen Person das Recht, sich nicht im Heimatland auflösen zu müssen, um sich identitätswahrend (nicht rechtsformwahrend!) nach dem Recht des Ziellandes umwandeln zu können, so ist hiermit keine Aussage über die Rechtsfähigkeit der juristischen Person getroffen. Damit wäre das vorliegende Verhalten nach der Rs. **Cartesio** jedenfalls soweit als

10

Fall 7. Bewegung in der Gesellschaft I

"Ausübung" vom sachlichen Anwendungsbereich der Niederlassungsfreiheit erfasst, wie es nach der mitgliedstaatlichen Regelung die Auflösung und Abwicklung der Gesellschaft erfordert.

6. Rottmann

11 Dagegen könnte man jedoch einwenden, dass Gesellschaften gem. Art. 54 Abs. 1 AEUV nur das Recht haben, mit Unionsbürgern gleichgestellt zu werden. Der *EuGH* hatte zur **Unionsbürgerschaft** im Fall Rottmann[30] entschieden, dass es Mitgliedstaaten grundsätzlich erlaubt ist, EU-Bürgern nach dem mitgliedstaatlichen Recht ihre Unionsbürgerschaft zu entziehen. Nach dem Wortlaut des Art. 54 Abs. 1 AEUV müsste es Mitgliedstaaten, so könnte man annehmen, damit auch möglich sein, Gesellschaften zur Auflösung und Abwicklung zu zwingen. Dieser Vergleich verkennt allerdings, dass durch die Unionsbürgerschaft nicht die Rechtsfähigkeit der Person, sondern nur deren Status als Unionsbürger entzogen wird. Bei dem Erfordernis der Auflösung und Abwicklung wird der Gesellschaft hingegen ihre Rechtsfähigkeit genommen. Die Fälle sind mithin nicht vergleichbar. Es bleibt damit dabei, dass das vorliegende Verhalten von der Niederlassungsfreiheit erfasst ist.

III. Bereichsausnahme

12 Vorliegend wird nicht das Recht originär hoheitlicher Beschäftigung geregelt. Damit findet die Bereichsausnahme des Art. 51 AEUV keine Anwendung.

C. Beeinträchtigung

13 Die Maßnahme müsste den Anwendungsbereich beeinträchtigen.

I. Maßnahme eines Verpflichteten

14 Die Verpflichtung zur Auflösung und Abwicklung resultiert aus ungarischem Recht, mithin aufgrund eines mitgliedstaatlichen Gesetzes. Damit hat hier der Mitgliedstaat Ungarn als durch die Grundfreiheiten Verpflichteter gehandelt.

---

[30] *EuGH*, Rs. C-135/08 (Rottmann), ECLI:EU:C:2010:104.

II. Diskriminierung

Jede Form der Diskriminierung aufgrund der Staatsangehörigkeit stellt eine Beeinträchtigung in die Niederlassungsfreiheit dar. Eine Maßnahme wie die Ungarns knüpft jedoch nicht an einen diskriminierenden Tatbestand an, somit ist sie nicht unmittelbar diskriminierend. 15

III. Beschränkung

Allerdings könnte die Verpflichtung zur Auflösung und Abwicklung als „Beschränkung" die Niederlassungsfreiheit beeinträchtigen. Sowohl der Wortlaut des Art. 49 Abs. 1 AEUV als auch der *EuGH* lassen ausdrücklich auch Beschränkungen der Niederlassungsfreiheit als Beeinträchtigung zu. 16

1. Dassonville-Formel

Zur Beantwortung der Frage, ob es sich bei der Verpflichtung zur Auflösung und Abwicklung um eine Beschränkung handelt, kann demnach auf die Grundsätze der **Dassonville-Formel** zurückgegriffen werden. Mithin ist jede Maßnahme, die geeignet ist, die Niederlassungsfreiheit unmittelbar oder mittelbar, tatsächlich oder potenziell zu behindern, eine Beschränkung. Eine Regelung, die Gesellschaften vor der Grenzüberschreitung zusätzliche Pflichten auferlegt, ist geeignet, sie von diesem Grenzübertritt abzuhalten. Damit ist in dieser Verpflichtung zunächst eine Beeinträchtigung zu sehen. 17

2. Zugangs-Formel (ANETT-Formel)

Der EuGH hatte bislang keine Gelegenheit, Stellung zu nehmen, ob die weite Dassonville-Formel auch im Rahmen der Niederlassungsfreiheit durch eine Zugangsformel eingeschränkt wird. Es ist allerdings kein Grund ersichtlich, warum er gerade bei der Niederlassungsfreiheit auf die Einschränkung verzichten sollte. Damit ist fraglich, ob die Verpflichtung zu Auflösung und Abwicklung den **Zugang zu einem anderen Mitgliedstaat** beeinträchtigt. Hier beeinträchtigt sie zwar grundsätzlich und primär den Wegzug, allerdings wirkt sie sich auch, wie bereits dargelegt wurde, auf die Umwandlung nach dem Recht eines anderen Mitgliedstaates aus. Daher beeinträchtigt die Regelung auch den Zugang zu einem anderen Mitgliedstaat und stellt mithin eine Beeinträchtigung dar. 18

Somit ist die Verpflichtung zur Auflösung und Abwicklung eine Beeinträchtigung der Niederlassungsfreiheit. 19

D. Rechtfertigung

20 Die Verpflichtung zur Auflösung und Abwicklung könnte gerechtfertigt sein. Rechtfertigungsgründe sind grundsätzlich eng auszulegen.

I. Rechtfertigungsgründe

21 Es bestehen weder Anhaltpunkte für das Eingreifen der geschriebenen Rechtfertigungsgründe des Art. 52 AEUV, noch der ungeschriebene Rechtfertigungsgründe im Sinne der Cassis-de-Dijon-Rechtsprechung, durch die die Regelungen zur Abwicklung und Auflösung gerechtfertigt werden könnten.

II. Grundrechte

22 Mögliche Grundrechte, die als Rechtfertigungsgrund herangezogen werden könnten, sind nicht ersichtlich.

E. Ergebnis

23 Eine Auslegung wie die des ungarischen Registergerichts, nachdem eine Gesellschaft nicht ihren operativen Verwaltungssitz unter Beibehaltung der Rechtsnatur des Ursprungs-Mitgliedstaates in einen anderen Mitgliedstaat verlegen kann, verstößt insoweit gegen die Niederlassungsfreiheit gem. Art. 49 Abs. 1 AEUV, wie damit eine identitätswahrende Umwandlung verhindert wird.

Hinweis: In der Rs. *EuGH,* C-106/16 (Polbud), ECLI:EU:C:2017:804 hat der EuGH mittlerweile nun auch entschieden, dass ein grenzüberschreitender Formwechsel dergestalt möglich ist, dass nur der Satzungssitz verlegt wird. Es stellt dabei keinen Missbrauch der Niederlassungsfreiheit dar, wenn die Gesellschaft durch den Formwechsel lediglich in den Genuss für sie günstigerer Rechtsvorschriften in einem anderen Land gelangen will.

Zur Vertiefung: *Purnhagen*, Europarecht, 2022, Kapitel 7, Rn. 73 ff.; *Teichmann*, Gesellschaftsrecht im System der Europäischen Niederlassungsfreiheit, ZGR 2011, 639; *Mörsdorf*, Mobilität von Gesellschaften im Binnenmarkt – Eine Zwischenbilanz, EuZW 2009, 97.

Fall 8. Der unlautere Geschäftsleiter

Inhalt: Nichtigkeitsklage, Überprüfung eines Sekundärrechtsakts, Binnenmarktklausel des Art. 114 AEUV.

Sachverhalt

Durch die anhaltende Finanzkrise ist der Mitgliedstaat G dazu gezwungen, sich für zahlungsunfähig zu erklären. G kann damit auch seine im Rahmen von Staatsanleihen aufgenommen Schulden nicht mehr begleichen. Zahlreiche Institute des Banken- und Versicherungssektors haben im Vertrauen auf das Funktionieren des europäischen Binnenmarkts Kapital als Anleihen in G investiert. Durch den massiven Kapitalverlust sind diese Unternehmen nunmehr ihrerseits nicht mehr in der Lage, ihren Verbindlichkeiten nachzukommen. Dadurch entsteht eine Situation, die die Stabilität des Finanzsystems in der Union als Ganzes gefährdet. Der Rat beschließt daher ordnungsgemäß das Vorliegen einer Krisensituation für den Versicherungsmarkt.

Das deutsche Versicherungsunternehmen V hat es besonders schwer getroffen. Es hatte einen maßgeblichen Anteil seines Kapitals in Anleihen aus G investiert und steht nun kurz vor dem Ruin. Maßgeblich für diese Anlagestrategie war ein Beschluss des Geschäftsleiters L der V, der ausschließlich aus persönlicher Vorliebe für das Land G dort hatte investieren lassen. Da L gute persönliche Beziehungen zur deutschen Versicherungsaufsichtsbehörde BaFin unterhält, hat man lange Zeit nichts gegen die offensichtliche Ungeeignetheit des L unternommen. Auch die Tatsache, dass V nun kurz vor dem Ruin steht, kann weder die V noch die BaFin davon überzeugen, sich von L zu trennen.

Die zuständige europäische Aufsichtsbehörde EIOPA erlässt daher gegen die BaFin den Beschluss, dass die BaFin von V die Abberufung des L zu verlangen hat. Der Vertrag zwischen L und V hat jedoch noch eine Laufzeit von weiteren drei Jahren, die er gerne ausschöpfen möchte. Er ist der Meinung, es gebe keine Kompetenz der EU, ihren Behörden eine solche Maßnahme zuzugestehen. Die Bundesregierung in Deutschland teilt die Bedenken des L und strengt eine Klage gegen Art. 18 der VO (EU) Nr. 1094/2010 (EIOPA-VO) an.

Wie wird der EuGH entscheiden?

64   *Fall 8. Der unlautere Geschäftsleiter*

Bearbeitervermerk:

EIOPA-Verordnung

Verordnung (EU) Nr. 1094/2010 zur Errichtung einer Europäischen Aufsichtsbehörde (Europäische Aufsichtsbehörde für das Versicherungswesen und die betriebliche Altersversorgung), zur Änderung des Beschlusses Nr. 716/2009/EG und zur Aufhebung des Beschlusses 2009/79/EG der Kommission

Das Europäische Parlament und der Rat der Europäischen Union – gestützt auf den Vertrag über die Arbeitsweise der Europäischen Union, insbesondere auf Art. 114, (...) haben folgende Verordnung erlassen:

Art. 1 Einrichtung und Tätigkeitsbereich

(1) Mit dieser Verordnung wird eine Europäische Aufsichtsbehörde (Europäische Aufsichtsbehörde für das Versicherungswesen und die betriebliche Altersversorgung, im Folgenden „Behörde") eingerichtet.

(2) Die Behörde handelt im Rahmen der ihr durch diese Verordnung übertragenen Befugnisse und innerhalb des Anwendungsbereichs der Richtlinie 2009/138/EG mit Ausnahme des Titels IV, der Richtlinien 2002/92/EG, 2003/41/EG, 2002/87/EG, 64/225/EWG, 73/239/EWG, 73/240/EWG, 76/580/EWG, 78/473/EWG, 84/641/EWG, 87/344/EWG, 88/357/EWG, 92/49/EWG, 98/78/EG, 2001/17/EG, 2002/83/EG, 2005/68/EG und, soweit diese Rechtsvorschriften sich auf Versicherungs- und Rückversicherungsunternehmen, auf Einrichtungen der betrieblichen Altersversorgung und Versicherungsvermittler beziehen, die einschlägigen Teile der Richtlinien 2005/60/EG und 2002/65/EG, einschließlich sämtlicher Richtlinien, Verordnungen und Beschlüsse, die auf der Grundlage dieser Rechtsakte angenommen wurden, sowie aller weiteren verbindlichen Rechtsakte der Union, die der Behörde Aufgaben übertragen.

Art. 18 Maßnahmen im Krisenfall

(1) Im Fall von ungünstigen Entwicklungen, die das ordnungsgemäße Funktionieren und die Integrität von Finanzmärkten oder die Stabilität des Finanzsystems in der Union als Ganzes oder in Teilen ernsthaft gefährden könnten, kann die Behörde sämtliche von den betreffenden zuständigen nationalen Aufsichtsbehörden ergriffenen Maßnahmen aktiv erleichtern und diese, sofern dies als notwendig erachtet wird, koordinieren.

Um diese Aufgabe des Erleichterns und Koordinierens von Maßnahmen wahrnehmen zu können, wird die Behörde über alle relevanten Entwicklungen in vollem Umfang unterrichtet und wird sie eingeladen, als Beobachterin an allen einschlägigen Zusammentreffen der betreffenden zuständigen nationalen Aufsichtsbehörden teilzunehmen.

(2) Der Rat kann in Abstimmung mit der Kommission und dem ESRB sowie gegebenenfalls den ESA auf Ersuchen der Behörde, der Kommission oder des ESRB einen an die Behörde gerichteten Beschluss erlassen, in dem das Vorliegen einer Krisensituation im Sinne dieser Verordnung festgestellt wird. Der Rat überprüft diesen Beschluss in angemessenen Abständen, mindestens jedoch einmal pro Monat. Wird der Beschluss bei Ablauf der Frist von einem Monat

nicht verlängert, so tritt er automatisch außer Kraft. Der Rat kann die Krisensituation jederzeit für beendet erklären.

Sind der ESRB oder die Behörde der Auffassung, dass sich eine Krisensituation abzeichnet, richten sie eine vertrauliche Empfehlung an den Rat und geben eine Lagebeurteilung ab. Der Rat beurteilt dann, ob es notwendig ist, eine Tagung einzuberufen. Hierbei ist darauf zu achten, dass die Vertraulichkeit gewahrt bleibt.

Wenn der Rat das Vorliegen einer Krisensituation feststellt, so unterrichtet er das Europäische Parlament und die Kommission ordnungsgemäß und unverzüglich davon.

(3) Hat der Rat einen Beschluss nach Absatz 2 erlassen und liegen außergewöhnliche Umstände vor, die ein koordiniertes Vorgehen der nationalen Behörden erfordern, um auf ungünstige Entwicklungen zu reagieren, die das geordnete Funktionieren und die Integrität von Finanzmärkten oder die Stabilität des Finanzsystems in der Union als Ganzes oder in Teilen ernsthaft gefährden können, kann die Behörde die zuständigen Behörden durch Erlass von Beschlüssen im Einzelfall dazu verpflichten, gemäß den in Artikel 1 Absatz 2 genannten Rechtsvorschriften die Maßnahmen zu treffen, die erforderlich sind, um auf solche Entwicklungen zu reagieren, indem sie sicherstellt, dass Finanzinstitute und zuständige Behörden die in den genannten Rechtsvorschriften festgelegten Anforderungen erfüllen.

Solvency II-Richtlinie

Richtlinie 2009/138/EG betreffend die Aufnahme und Ausübung der Versicherungs- und der Rückversicherungstätigkeit (Solvabilität II)

Artikel 42 Anforderungen an die fachliche Qualifikation und die persönliche Zuverlässigkeit von Personen, die das Unternehmen tatsächlich leiten oder andere Schlüsselaufgaben innehaben

(1) Die Versicherungs- und Rückversicherungsunternehmen stellen sicher, dass alle Personen, die das Unternehmen tatsächlich leiten oder andere Schlüsselaufgaben innehaben, jederzeit den folgenden Anforderungen genügen:

a) ihre Berufsqualifikationen, Kenntnisse und Erfahrungen reichen aus, um ein solides und vorsichtiges Management zu gewährleisten („fachliche Qualifikation"); und

b) sie sind zuverlässig und integer („persönliche Zuverlässigkeit").

(2) Die Versicherungs- und Rückversicherungsunternehmen melden der Aufsichtsbehörde alle Änderungen in der Identität der Personen, die das Unternehmen tatsächlich leiten oder für andere Schlüsselaufgaben verantwortlich sind, und übermitteln ihnen sämtliche Informationen, die zur Beurteilung notwendig sind, ob die neu zur Führung des Unternehmens bestellten Personen fachlich qualifiziert und zuverlässig sind.

(3) Die Versicherungs- und Rückversicherungsunternehmen melden ihrer Aufsichtsbehörde jeglichen Fall, in dem eine der in den Absätzen 1 und 2 genannten Personen ersetzt wurde, weil sie die in Absatz 1 genannten Anforderungen nicht mehr erfüllt.

Gliederung

A. Sachliche Zuständigkeit für die Nichtigkeitsklage
B. Zulässigkeit der Nichtigkeitsklage
  I. Klagegegenstand
  II. Beteiligtenfähigkeit
  III. Klageberechtigung
  IV. Form und Frist
  V. Rechtsschutzbedürfnis
  VI. Ergebnis
C. Begründetheit
  I. Art. 114 AEUV als korrekte Rechtsgrundlage?
  II. Formelle Voraussetzungen
  III. Materielle Voraussetzungen
   1. Verwirklichung der Ziele des Art. 26 AEUV durch Maßnahmen
   2. Zur „Angleichung der Rechts- und Verwaltungsvorschriften der Mitgliedstaaten"
      a) Angleichung
      b) Rechts- und Verwaltungsvorschriften der Mitgliedstaaten
   3. Errichtung und Funktionieren des Binnenmarkts als Ziel
      a) Abbau von Hemmnissen für die Grundfreiheiten
      b) Abbau von spürbaren Wettbewerbsverfälschungen
   4. Verhältnismäßigkeit
   5. Subsidiarität
   6. Grundrechte
   7. Weitere unionsrechtliche Prinzipien
D. Ergebnis

Lösung

Der EuGH wird Art. 18 EIOPA-VO für nicht rechtmäßig erklären, wenn er für die Klage zuständig ist und sie zulässig und begründet ist.

A. Sachliche Zuständigkeit für die Nichtigkeitsklage

Fraglich ist zunächst, ob der EuGH für die hier vorgetragene Nichtigkeitserklärung zuständig ist. Gem. Art. 256 Abs. 1 AEUV i.V.m. Art. 51 der Satzung des EuGH sowie Art. 263 Abs. 2 AEUV ist der EuGH grundsätzlich bei **Nichtigkeitsklagen eines Mitgliedstaates** zuständig. Hier klagt der Mitgliedstaat Deutschland, der EuGH ist daher zuständig.

B. Zulässigkeit der Nichtigkeitsklage

Die Klage müsste zulässig sein.

I. Klagegegenstand

Dafür müsste zunächst ein tauglicher Klagegegenstand vorliegen. Gem. Art. 263 Abs. 1 S. 1 AEUV sind alle „**Gesetzgebungsakte**" tauglicher Klagegegenstand. Gesetzgebungsakte sind gem. Art. 263 Abs. 1 S. 1 AEUV zumindest alle in Art. 288 AEUV aufgezählten verbindlichen Maßnahmen. Vorliegend wird die Feststellung der Rechtswidrigkeit eines Artikels einer Verordnung begehrt, damit handelt es sich um einen tauglichen Klagegegenstand.

II. Beteiligtenfähigkeit

Gem. Art. 263 Abs. 2 AEUV sind die Mitgliedsstaaten aktiv beteiligtenfähig (antragsberechtigt). Die passive Beteiligtenfähigkeit richtet sich nach Art. 263 Abs. 1 AEUV und umfasst Rat, Kommission, Europäisches Parlament, EZB, Europäischer Rat, Einrichtungen und sonstige Stellen der Union.

III. Klageberechtigung

Ferner müsste die Klage vom Klageberechtigten geltend gemacht werden. Klageberechtigt ist gem. Art. 263 Abs. 2 AEUV **jeder Mitgliedstaat (privilegierte Klageberechtigung)**. Vorliegend klagt der Mitgliedstaat Deutschland, er ist daher auch klageberechtigt.

IV. Form und Frist

7   Die Formerfordernisse richten sich nach Art. 21 Abs. 1 S. 2 der Satzung des EuGH sowie nach Art. 38 der Verfahrensordnung des EuGH. Gem. Art. 263 Abs. 6 AEUV ist die Klage binnen zwei Monate nach dem Start des nach Art. 263 Abs. 6 AEUV zu bestimmenden Ereignisses zu erheben. Anhaltspunkte für die Nichteinhaltung von Form und Frist bestehen vorliegend nicht.

V. Rechtsschutzbedürfnis

8   Anhaltspunkte für den Wegfall des Rechtsschutzbedürfnisses sind nicht ersichtlich.

VI. Ergebnis

9   Die Klage ist zulässig.

C. Begründetheit

10   Die Klage müsste darüber hinaus begründet sein. Die Nichtigkeitsklage ist begründet, wenn die angefochtene Maßnahme mit einem der in Art. 263 Abs. 2 AEUV **genannten Nichtigkeitsgründe** behaftet ist. Hier könnte Art. 18 EIOPA-VO eine Verletzung der Verträge darstellen. Als solche könnte es gegen das Prinzip der begrenzten Einzelermächtigung i.S.d. Art. 5 Abs. 2 S. 1 EUV verstoßen, wenn die Voraussetzungen der Kompetenznorm, aufgrund deren die Verordnung ergangen ist, nicht vorliegen.

I. Art. 114 AEUV als korrekte Rechtsgrundlage?

11   Fraglich ist zunächst, welche Kompetenznorm für die Überprüfung der EIOPA-VO einschlägig ist. Die EIOPA-VO ist nach ihrer Einleitung „auf den Vertrag über die Arbeitsweise der Europäischen Union, insbesondere auf Artikel 114" gestützt. Dies könnte man so verstehen, dass irgendeine Kompetenzgrundlage des AEUV einschlägig sein könnte, unter anderem Art. 114 AEUV. Dies würde jedoch dem Grundsatz zuwiderlaufen, dass sich die Wahl des Rechtsakts auf objektive, gerichtlich nachprüfbare Umstände stützen muss. Ansonsten wäre

eine gerichtliche Überprüfung nicht möglich. Ist der Rechtsakt nicht auf diese Weise gerichtlich überprüfbar, so ist der Rechtsakt nichtig. Dies impliziert, dass der Verordnungsgeber sich für eine Rechtsgrundlage entscheiden und diese benennen muss. Damit reduziert sich hier die Prüfung der EIOPA-VO auf Art. 114 AEUV. Hat sich der Verordnungsgeber für eine Rechtsgrundlage entschieden, so ist sie damit nur an dieser zu messen. Vorliegend ist daher allein die Prüfung der Vereinbarkeit der EIOPA-VO mit Art. 114 AEUV zu prüfen.

II. Formelle Voraussetzungen

Dazu müssten zunächst die formellen Voraussetzungen gegeben sein. Die Verordnung müsste mithin gem. Art. 114 Abs. 1 S. 2 AEUV nach den Regeln des ordnungsgemäßen Gesetzgebungsverfahrens und nach erfolgter Anhörung des Wirtschafts- und Sozialausschusses erlassen worden sein. Gegenteilige Anhaltspunkte finden sich hier nicht, daher ist davon auszugehen, dass die formellen Voraussetzungen eingehalten worden sind. **12**

III. Materielle Voraussetzungen

Darüber hinaus müsste Art. 18 EIOPA-VO den materiellen Voraussetzungen genügen. **13**

1. Verwirklichung der Ziele des Art. 26 AEUV durch Maßnahmen

Die aufgrund von Art. 114 AEUV erlassenen Akte müssen zunächst gem. Art. 114 Abs. 1 S. 1 AEUV der Verwirklichung der Ziele des Art. 26 AEUV dienen. Demnach müssen die Maßnahmen gem. Art. 26 Abs. 2 AEUV vor allem der **Verwirklichung der Grundfreiheiten** dienen. Die Vorschriften über den Krisenfall betreffen die Funktionsfähigkeit der gesamten Versicherungswirtschaft in der Union im Rahmen der Aufsicht. Damit kann die EIOPA-VO gem. Art. 18 AEUV Einfluss nehmen auf die Kapitalausstattung von Versicherungsunternehmen, sowie auf die Dienstleistungs- und Arbeitsverträge der Versicherer. Damit steht Art. 18 EIOPA-VO in engem Bezug zum Binnenmarkt. **14**

Diese Verwirklichung müsste durch Maßnahmen erfolgen. Maßnahmen sind gem. **Art. 288 AEUV** zumindest sämtliche Richtlinien, Verordnungen, Beschlüsse, Empfehlungen und Stellungnahmen. Art. 18 EIOPA-VO ist Teil einer Verordnung, damit einer Maßnahme i.S.d. Art. 114 AEUV. **15**

2. Zur „Angleichung der Rechts- und Verwaltungsvorschriften der Mitgliedstaaten"

16 Art. 18 EIOPA-VO müsste im Kontext mit dem gesamten Rechtsakt gem. Art. 114 Abs. 1 S. 2 AEUV der „Angleichung der Rechts- und Verwaltungsvorschriften der Mitgliedstaaten" dienen.

a) Angleichung

17 Fraglich ist zunächst, ob er der „Angleichung" dient. Wie im vorliegenden Fall deutlich wird, kann Art. 18 EIOPA-VO genutzt werden, um in Verbindung mit Art. 42 Solvency-II-Richtlinie einzelne Personen ihres Amtes zu entheben. Fraglich ist, ob solche **Einzelmaßnahmen** auch vom Begriff der „Angleichung" umfasst sind oder ob „Angleichung" schon begrifflich immer eine Vielzahl von Fällen voraussetzt. Der Sinn und Zweck des Art. 114 AEUV ist es, gem. Art. 114 Abs. 1 S. 2 letzter Hs. AEUV das Funktionieren des Binnenmarkts zu gewährleisten. Damit sind alle Maßnahmen solche der „Angleichung", die diesem Zweck dienen. Der EuGH hat daher entschieden, dass Maßnahmen auch solche der „Angleichung" sind, die Maßnahmen hinsichtlich eines bestimmten Produkts oder einer bestimmten Produktkategorie und ggf. auch Einzelmaßnahmen hinsichtlich dieser Produkte vorschreiben, sog. einstufige Rechtsangleichung.[31] Wenn „Angleichung" auch einzelne Maßnahmen hinsichtlich eines bestimmten Produkts umfasst, sofern dadurch das Funktionieren des Binnenmarkts gewährleistet wird, dann umfasst „Angleichung" auch Maßnahmen bezüglich einzelner Personen, da sich Art. 114 AEUV nicht nur auf die Warenverkehrsfreiheit, sondern auf den gesamten Binnenmarkt und damit auch auf die Personenverkehrsfreiheiten bezieht. Art. 18 EIOPA-VO dient damit selbst dann der Angleichung, wenn durch ihn Maßnahmen hinsichtlich einzelner Personen getroffen werden.

b) Rechts- und Verwaltungsvorschriften der Mitgliedstaaten

18 Fraglich ist, ob Art. 18 EIOPA-VO auch der Angleichung der „Rechts- und Verwaltungsvorschriften der Mitgliedstaaten" dient. Vorliegend gibt es in den Mitgliedstaaten keine Regelungen über einen Krisenmechanismus. Demnach gibt es keine Rechts- und Verwaltungsvorschriften in den Mitgliedstaaten, die hier angeglichen werden können. Man könnte daher davon ausgehen, dass nach dem Wortlaut des Art. 114 Abs. 1 S.2 AEUV zumindest in einem Mitgliedstaat angleichungsbedürftige Rechts- und

---

[31] *EuGH*, Rs. C-359/92 (Deutschland/Rat), ECLI:EU:C:1994:306, Rn. 21 ff., insbes. 37.

Verwaltungsvorschriften bestehen müssen.[32] Demnach wäre hier eine Angleichung aufgrund von Art. 114 AEUV ausgeschlossen. Anderseits könnte man auch davon ausgehen, dass eine Maßnahme, die „einer heterogenen Entwicklung der nationalen Rechtsvorschriften vorbeugen" soll, von Art. 114 AEUV umfasst ist.[33] Im Rahmen einer solchen **präventiven Rechtsangleichung** wäre es damit nicht erforderlich, dass bereits angleichungsbedürftige Rechtsnormen in einem Mitgliedstaat bestehen. Somit wäre hier eine Angleichung aufgrund von Art. 114 AEUV möglich.

Gegen eine solche präventive Rechtsangleichung spricht vor allem ein Vergleich mit dem Wortlaut der Art. 116, 117 AEUV. Dort wird ausdrücklich zwischen vorhandenen und zu befürchtenden Unterschieden der Rechts- und Verwaltungsvorschriften der Mitgliedstaaten unterschieden. Damit kannte der Unionsgesetzgeber diese Unterscheidung und hat eine solche im Rahmen der Formulierung des Art. 114 Abs. 1 AEUV unterlassen. Die Annahme einer präventiven Rechtsangleichung könnte damit dem Willen des Unionsgesetzgebers zuwiderlaufen. Eine Angleichung wäre damit aufgrund von Art. 114 AEUV hier nicht möglich. Diese Sicht verkennt jedoch, dass durch eine unionsweite Regelungslücke das ordnungsgemäße Funktionieren des Binnenmarkts mindestens ebenso beeinträchtigt werden kann wie durch eine positive Regelung. Art. 114 AEUV dient in erster Linie der Verwirklichung des Binnenmarkts, es wäre daher zu formalistisch, wollte man die Regelungskompetenz der Union so lange „auf Eis legen", bis ein Mitgliedstaat irgendeine Regelung erlassen hat.[34] Dies wird insbesondere am vorliegenden Beispiel deutlich, da eine solche Krise typischerweise immer grenzüberschreitend wäre. Es wäre mithin nicht zweckdienlich, zunächst mitgliedstaatliche Regelungen hierfür zu fordern. Demnach dient Art. 18 EIOPA-VO auch der Angleichung der „Rechts- und Verwaltungsvorschriften der Mitgliedstaaten". 19

3. Errichtung und Funktionieren des Binnenmarkts als Ziel

Art. 18 EIOPA-VO müsste im Kontext mit der gesamten VO ferner gem. Art. 114 Abs. 1 S.2 letzter Hs. AEUV die Errichtung und das Funktionieren des Binnenmarktes zum Ziel haben. Aus einem Umkehrschluss aus der Regelung des Art. 115 AEUV versteht man darunter jede substanzielle und konkrete Auswirkung, sei es unmittelbarer oder mittelbarer Art. 20

---

[32] *Taschner*, in: *von der Groeben/Schwarze*, Art. 94 EG, Rn. 33.
[33] *EuGH*, Rs. C-350/92 (Spanien/Rat), ECLI:EU:C:1995:237, Rn. 35.
[34] *Calliess/Ruffert/Kahl*, Art. 114 AEUV, Rn. 18.

a) Abbau von Hemmnissen für die Grundfreiheiten

21   In Anlehnung an Art. 26 Abs. 2 AEUV ergibt sich daraus zunächst das Erfordernis des Abbaus von Hemmnissen für die Grundfreiheiten. Art. 18 EIOPA-VO müsste somit diesem Abbau von Hemmnissen dienen. Hemmnisse sind alle solche nationalen Regelungen, die wegen ihrer Unterschiedlichkeit eine **Beeinträchtigung der Grundfreiheiten** darstellen, das z. B. wegen Art. 36 AEUV oder infolge eines zwingenden Erfordernisses i.S.d. Cassis-de-Dijon-Rechtsprechung nicht beseitigt werden kann (vgl. hierzu auch Art. 114 Abs. 4 AEUV). Hier wären bei Nichtvorhandensein eines solchen Krisenmechanismus ausländische und unionale Kapitalgeber abgeschreckt, in die europäische Versicherungswirtschaft zu investieren. Auch könnte dies eine Auswirkung auf Versicherungsverträge haben, die sodann nicht mehr abgeschlossen werden. Damit wären zumindest sowohl die Kapital- als auch die Dienstleistungsfreiheit beeinträchtigt. Eine Rechtfertigung für das Nichtvorhandensein eines solchen Krisenmechanismus ist nicht gegeben. Art. 18 EIOPA-VO dient somit dem Abbau von Hemmnissen für die Grundfreiheiten.

b) Abbau von spürbaren Wettbewerbsverfälschungen

22   Anzeichen dafür, dass Art. 18 EIOPA-VO auch dem Abbau spürbarer Wettbewerbsverfälschungen gem. Art. 3 Abs. 3 UAbs. 1 EUV i.V.m. dem Protokoll Nr. 27 dient, sind nicht ersichtlich.

4. Verhältnismäßigkeit

23   Art. 18 EIOPA-VO müsste darüber hinaus gem. Art. 5 Abs. 1 S. 2 EUV verhältnismäßig sein. Zur Beurteilung der Verhältnismäßigkeit von Maßnahmen, die aufgrund von Art. 114 AEUV erlassen werden, ist dem Unionsgesetzgeber jedoch ein **weiter Einschätzungsspielraum** zuzugestehen. Demnach liegt ein Verstoß gegen den Grundsatz der Verhältnismäßigkeit nur vor, wenn die Maßnahme zur Erreichung ihres Ziels offensichtlich ungeeignet ist. Maßgeblich ist vor allem, ob eine mildere einschneidende Maßnahme dem gleichen Zweck dienlich wäre. Hier wäre eine Richtlinie nicht geeignet, die aufgrund der Finanzmarktkrise notwendige schnelle Einführung eines Krisenmechanismus zu gewährleisten. Damit ist Art. 18 EIOPA-VO verhältnismäßig.

5. Subsidiarität

24   Art. 18 EIOPA-VO müsste gem. Art. 5 Abs. 1 S. 2 EUV auch dem Subsidiaritätsgrundsatz genügen. Hiernach ist zu fragen, ob Mitgliedstaaten die Ziele der beabsichtigten Unionsmaßnahmen ausreichend verwirklichen könnten und ob durch das Handeln der Union ein europäi-

scher Mehrwert geschaffen wird. Diese Voraussetzungen sind bei Maßnahmen, die auf Art. 114 AEUV gestützt erlassen werden, bereits dann gegeben, wenn die **Tatbestandsvoraussetzungen des Art. 114 AEUV** erfüllt sind. Hier sind die Tatbestandsvoraussetzungen des Art. 114 AEUV erfüllt, daher ist der Subsidiaritätsgrundsatz eingehalten.

6. Grundrechte

Art. 18 EIOPA-VO könnte, wie im vorliegenden Fall deutlich wird, in das Grundrecht auf Berufsfreiheit gem. Art. 15 GR-Charta eingreifen. Selbst wenn man von einem solchen Eingriff ausgehen würde, wäre er durch die Notwendigkeit der Krisenbewältigung gerechtfertigt. 25

7. Weitere unionsrechtliche Prinzipien

Art. 18 EIOPA-VO könnte des Weiteren gegen das Prinzip des institutionellen Gleichgewichts (sog. **Meroni-Doktrin**) verstoßen.[35] Dieses Prinzip erfordert, dass erstens Organe der EU nur solche Kompetenzen delegieren dürfen, die sie selbst besitzen und zweitens diese Aufgaben nur reine Ausführungsaufgaben sein dürfen, nicht jedoch solche, die eine Ermessensentscheidung beinhalten. Hier müssen die Gesetzgebungsorgane gem. Art. 18 Abs. 2 EIOPA-VO selbst den Krisenfall per Beschluss festsetzen. Damit üben sie die Kompetenz aus, die sie besitzen. Fraglich ist jedoch, ob durch Art. 18 EIOPA-VO eine Ermessensentscheidung delegiert wird. Dafür spricht, dass im Krisenfall EIOPA selbstständig Art und Umfang der Maßnahmen gegen die nationalen Behörden festlegen kann. Art. 18 EIOPA-VO verstieße damit gegen die Meroni-Doktrin. Allerdings ist fraglich, ob die Meroni-Doktrin, die der Rechtsprechung aus den Anfängen der Union entstammt, überhaupt auf die heutige Union mit einem Verwaltungs- und Aufsichtsrecht eigener Art angewendet werden kann. Demnach könnte man davon ausgehen, dass sich die Realitäten der Union so weit geändert haben, dass die Meroni-Doktrin keine Anwendung mehr findet. Demnach wäre Art. 18 EIOPA-VO nach wie vor wirksam. Sinn und Zweck der Meroni-Doktrin ist es, die Legitimation von Entscheidungen der Exekutivorgane der EU zu sichern. Dabei beruht die Meroni-Doktrin vor allem auf der Idee des institutionellen Gleichgewichts der EU-Organe, die sich gegenseitig durch ausbalancierte Teilung der Aufgaben kontrollieren. Mittlerweile stützt sich die Legitimation von EU-Gesetzgebungsakten auf andere Legitimationskonzepte, unter anderem auch auf die klassische parlamentarische Legitimation. So werden gerade Maßnahmen aufgrund des Art. 114 AEUV im ordentlichen 26

---

[35] *EuGH,* Rs. C-9/56 (Meroni), ECLI:EU:C:1958:7 und C-10/56 (Meroni) ECLI:EU:C:1958:8, S. 133.

Gesetzgebungsverfahren erlassen, bei dem das Europäische Parlament ein volles Mitbestimmungsrecht genießt. Akte, die auf Art. 114 AEUV gestützt sind, benötigen daher nicht mehr in gleicher Weise der Legitimation durch die Wahrung des institutionellen Gleichgewichts. Die Meroni-Doktrin findet daher hier keine Anwendung mehr. Art. 18 EIOPA-VO verstößt mithin nicht gegen die Meroni-Doktrin.

27 Die Klage ist unbegründet.

D. Ergebnis

28 Der EuGH ist für die Klage zuständig, sie ist zulässig, aber unbegründet. Der EuGH wird Art. 18 EIOPA-VO daher für rechtmäßig erklären.

Zur Vertiefung: 📖 *Purnhagen*, Europarecht, 2022, Kap. 5, Rn. 15 ff.

Fall 9. Bewegung in der Gesellschaft II

Inhalt: Verhältnis von Europarecht zum mitgliedstaatlichen Recht, europarechtskonforme Auslegung, Societas Europaea, Lösung von unbekannten europarechtlichen Problemen.

Sachverhalt

Der in einer Aktiengesellschaft organisierte deutsche Familienbetrieb und Automobilteilezulieferer A möchte expandieren. Aus diesem Grund möchte er zusätzlich zu den bislang im Betrieb arbeitenden 400 Arbeitnehmern weitere 200 einstellen. Die Aktionäre sind von der guten geschäftlichen Entwicklung begeistert, die maßgeblich auf die gute Zusammenarbeit des Vorstands V und des Aufsichtsrats zurückzuführen ist. Die A beauftragt ihren Syndikus S daher damit, die Ausweitung auf insgesamt 600 Beschäftigte vorzubereiten. S gibt jedoch zu bedenken, dass mit einer Ausweitung auf über 500 Beschäftigte gem. § 1 Abs. 1 Nr. 1 des Drittelbeteiligungsgesetzes (DrittelbG) diesen Arbeitnehmern ein Mitbestimmungsrecht im Aufsichtsrat zusteht. V ist empört und möchte unter diesen Bedingungen nicht arbeiten. V ist der Meinung, dass die gute wirtschaftliche Entwicklung maßgeblich darauf zurückzuführen sei, dass sie ohne „Einmischung" der Arbeitnehmerschaft die Geschäfte führen können. Daher fordern sie S auf, einen Weg zu finden, wie man die Arbeitnehmerbeteiligung umgehen kann. S erinnert sich noch dunkel daran, in der Vorlesung zum Europarecht an der Universität etwas vom „Wettbewerb der Gesellschaftsrechtsordnungen" gehört zu haben und kommt zu folgender Lösung:

Die deutsche A solle sich mit der bereits seit drei Jahren bestehenden ungarischen Tochter T in eine europäische Societas Europaea (SE) mit Sitz in Deutschland umwandeln, die sodann ihren satzungsmäßigen Sitz nach Ungarn verlegt, um sich dort, unter Zuhilfenahme einer deutschen Tochter, in eine mitbestimmungsfreie SE umzuwandeln. Der Verwaltungssitz solle jedoch in Deutschland bleiben. Da sich S im Europarecht nicht sicher fühlt, fragt er Sie als Experten um Rat, ob dies eine Lösung sein könnte.

Was werden Sie antworten?

Variante: Die ursprünglich deutsche AG geht über die Grenze und wandelt sich erst in Ungarn, unter Zuhilfenahme der deutschen Tochter, in eine mitbestimmungsfreie SE um. Gehen Sie davon aus, dass Art. 8 der VO (EG) Nr. 2157/2001 (hiernach SE-Statut) keine Anwendung findet.

Ändert sich etwas an Ihrem Votum?

Bearbeitervermerk: Gehen Sie davon aus, dass eine solche identitätswahrende Umwandlung nach ungarischem und europäischem Recht möglich ist und in Deutschland und Ungarn keine Regelung besteht, die eine Identität von satzungsmäßigem Sitz und Hauptverwaltung erfordern. Gehen Sie ferner davon aus, dass die Voraussetzungen der Umwandlung nach SE-Statut gegeben sind.

Gesetz über die Drittelbeteiligung der Arbeitnehmer im Aufsichtsrat

(Drittelbeteiligungsgesetz – DrittelbG)

§ 1 Erfasste Unternehmen

(1) Die Arbeitnehmer haben ein Mitbestimmungsrecht im Aufsichtsrat nach Maßgabe dieses Gesetzes in

1. einer Aktiengesellschaft mit in der Regel mehr als 500 Arbeitnehmern. Ein Mitbestimmungsrecht im Aufsichtsrat besteht auch in einer Aktiengesellschaft mit in der Regel weniger als 500 Arbeitnehmern, die vor dem 10. August 1994 eingetragen worden ist und keine Familiengesellschaft ist. (...)

Verordnung (EG) Nr. 2157/2001 des Rates vom 8. Oktober 2001 über das Statut der Europäischen Gesellschaft (SE)

Artikel 7 [Sitz der SE]

Der Sitz der SE muss in der Gemeinschaft liegen, und zwar in dem Mitgliedstaat, in dem sich die Hauptverwaltung der SE befindet. Jeder Mitgliedstaat kann darüber hinaus den in seinem Hoheitsgebiet eingetragenen SE vorschreiben, dass sie ihren Sitz und ihre Hauptverwaltung am selben Ort haben müssen.

Artikel 8 [Verlegung des Sitzes der SE]

(1) Der Sitz der SE kann gemäß den Absätzen 2 bis 13 in einen anderen Mitgliedstaat verlegt werden. Diese Verlegung führt weder zur Auflösung der SE noch zur Gründung einer neuen juristischen Person. (...)

Richtlinie 2001/86/EG des Rates vom 8. Oktober 2001 zur Ergänzung des Statuts der Europäischen Gesellschaft hinsichtlich der Beteiligung der Arbeitnehmer

(…) in Erwägung nachstehender Gründe:

(1) Zur Erreichung der Ziele des Vertrags wird mit der Verordnung (EG) Nr. 2157/2001 des Rates das Statut der Europäischen Gesellschaft (SE) festgelegt.

(2) Mit jener Verordnung soll ein einheitlicher rechtlicher Rahmen geschaffen werden, innerhalb dessen Gesellschaften aus verschiedenen Mitgliedstaaten in der Lage sollten, die Neuorganisation ihres Geschäftsbetriebs gemeinschaftsweit zu planen und durchzuführen.

(3) Um die Ziele der Gemeinschaft im sozialen Bereich zu fördern, müssen besondere Bestimmungen – insbesondere auf dem Gebiet der Beteiligung der Arbeitnehmer – festgelegt werden, mit denen gewährleistet werden soll, dass die Gründung einer SE nicht zur Beseitigung oder zur Einschränkung der Gepflogenheiten der Arbeitnehmerbeteiligung führt, die in den an der Gründung einer SE beteiligten Gesellschaften herrschen. Dieses Ziel sollte durch die Einführung von Regeln in diesen Bereich verfolgt werden, mit denen die Bestimmungen der Verordnung ergänzt werden. (…)

(18) Die Sicherung erworbener Rechte der Arbeitnehmer über ihre Beteiligung an Unternehmensentscheidungen ist fundamentaler Grundsatz und erklärtes Ziel dieser Richtlinie. Die vor der Gründung von SE bestehenden Rechte der Arbeitnehmer sollten deshalb Ausgangspunkt auch für die Gestaltung ihrer Beteiligungsrechte in der SE (Vorher-Nachher-Prinzip) sein. Dieser Ansatz sollte folgerichtig nicht nur für die Neugründung einer SE, sondern auch für strukturelle Veränderungen einer bereits gegründeten SE und für die von den strukturellen Änderungsprozessen betroffenen Gesellschaften gelten.

Artikel 11 Verfahrensmissbrauch

Die Mitgliedstaaten treffen im Einklang mit den gemeinschaftlichen Rechtsvorschriften geeignete Maßnahmen, um zu verhindern, dass eine SE dazu missbraucht wird, Arbeitnehmern Beteiligungsrechte zu entziehen oder vorzuenthalten.

Gesetz über die Beteiligung der Arbeitnehmer in einer Europäischen Gesellschaft (SEBG)

§ 43 Missbrauchsverbot

Eine SE darf nicht dazu missbraucht werden, den Arbeitnehmern Beteiligungsrechte zu entziehen oder vorzuenthalten. (…)

Gliederung

Erste Frage

A. Verstoß gegen § 43 SEBG
  I. Richtlinienkonforme Auslegung des Tatbestandmerkmals „Missbrauch"
    1. Voraussetzungen der richtlinienkonformen Auslegung
    2. Reichweite der richtlinienkonformen Auslegung
  II. Kein Missbrauch durch Geltendmachung der Niederlassungsfreiheit gem. Art. 49 AEUV
  III. Kein Missbrauch durch Geltendmachung des Art. 8 SE-Statut
    1. Tatbestand
    2. Entgegenstehen der Regelungen der Richtlinie 2001/86/EG
B. Ergebnis

Variante

A. Verstoß gegen § 43 SEBG
  I. Richtlinienkonforme Auslegung des Tatbestands des „Missbrauchs"
  II. Kein Missbrauch durch Geltendmachung der Niederlassungsfreiheit gem. Art. 49 AEUV
    1. Vorprüfung
    2. Anwendungsbereich
       a) Persönlich
       b) Sachlich
       c) Bereichsausnahme
    3. Beeinträchtigung
       a) Maßnahme eines Verpflichteten
       b) Diskriminierung
       c) Beschränkung
B. Ergebnis

Lösung

Erste Frage

Die von S vorgeschlagene Lösung wäre denkbar, wenn sie mit dem geltenden Recht übereinstimmt.

A. Verstoß gegen § 43 SEBG

Die von S vorgeschlagene Lösung könnte allerdings einen Verstoß gegen § 43 SEBG darstellen. Dies wäre der Fall, wenn die Umwandlung einen Missbrauch i.S.d. Vorschrift darstellen würde.

I. Richtlinienkonforme Auslegung des Tatbestandmerkmals „Missbrauch"

Fraglich ist, wie der Terminus des „Missbrauchs" auszulegen ist. Der § 43 SEBG dient der Umsetzung von Art. 11 der Richtlinie 2001/86/EG. Somit könnte die Vorschrift richtlinienkonform auszulegen sein. Die Pflicht zur richtlinienkonformen Auslegung erfolgt aus dem Grundsatz des venire contra factum proprium.

1. Voraussetzungen der richtlinienkonformen Auslegung

Die Umsetzungsfrist der Richtlinie 2001/86/EG ist bereits abgelaufen. Ferner handelt es sich bei „Missbrauch" um einen auslegungsbedürftigen Rechtsbegriff. Anhaltspunkte für eine Verletzung der contra-legem-Grenze bestehen nicht. Gründe, die einen Verstoß gegen das Rückwirkungsverbot und die Rechtssicherheit nahelegen würden, sind nicht ersichtlich.

2. Reichweite der richtlinienkonformen Auslegung

Fraglich ist jedoch, wie weit die autonome Auslegung reicht. Soll eine Vorschrift allein nach europäischen Maßstäben ausgelegt werden, so muss diese Vorschrift der Umsetzung einer maximalharmonisierenden europarechtlichen Vorschrift dienen. Fraglich ist daher, ob Richtlinie 2001/86/EG maximalharmonisierend ist. Gem. den Erwägungsgründen 1-3 der der Richtlinie 2001/86 EG soll die Richtlinie den durch das SE-Statut geschaffenen einheitlichen Rahmen fördern. Dem würde es entgegenstehen, wenn die Begriffe der Richtlinie 2001/86/EG unter Rückgriff auf mitgliedstaatliche Vorschriften ausgelegt werden würden. Daher ist „Missbrauch" i.S.d. Art. 43 SEBG autonom-europarechtlich auszulegen. Die Frage, welches abstrakte Verhalten als „Missbrauch" zu werten ist, ist demnach allein nach europarechtlichen Maßstäben zu beurteilen.

6   Somit kann nicht als „Missbrauch" gewertet werden, was der Durchsetzung europarechtlich gewährter Rechte dient. Ein „Gebrauch" europarechtlich gewährleisteter Rechte kann schlechterdings kein „Missbrauch" sein.

II. Kein Missbrauch durch Geltendmachung der Niederlassungsfreiheit gem. Art. 49 AEUV

7   A könnte durch die Sitzverlegung von ihrem Recht auf Niederlassungsfreiheit gem. Art. 49 AEUV Gebrauch machen. Voraussetzung hierfür ist jedoch, dass kein einschlägiges Sekundärrecht den Sachverhalt abschließend regelt. Art. 8 SE-Statut enthält jedoch spezielle Vorschriften über die Niederlassungsfreiheit der SE. Da sich A vor der Sitzverlegung in eine SE umwandelt, ist hier Art 8 SE-Status abschließend einschlägig und verdrängt Art. 49 AEUV.

III. Kein Missbrauch durch Geltendmachung des Art. 8 SE-Statut

8   A könnte daher durch Sitzverlegung von ihrem Recht auf Niederlassungsfreiheit gem. Art. 8 SE-Statut Gebrauch machen. Dies wäre der Fall, wenn der Tatbestand des Art. 8 SE-Statut erfüllt wäre und dem keine anderweitigen europarechtlichen Regelungen entgegenstünden.

1. Tatbestand

9   Tatbestandlich ist hier lediglich die Verlegung des Sitzes der SE in einen anderen Mitgliedstaat Voraussetzung. Die A verlegt hier ihren Sitz von Deutschland in den Mitgliedstaat Ungarn, der Tatbestand des Art. 8 SE-Statut ist mithin erfüllt.

2. Entgegenstehen der Regelungen der Richtlinie 2001/86/EG

10 Der Gebrauch des Rechts aus Art. 8 SE-Statut ist jedoch nach dem Verhältnismäßigkeitsprinzip nur soweit europarechtlich gewährleistet, wie keine anderen Ziele der Union entgegenstehen. Hier könnten die Regelungen der Richtlinie 2001/86/EG entgegenstehen. Ziel der Richtlinie ist es gem. Erwägungsgrund 18, bereits erworbene Rechte der Arbeitnehmer, die bereits vor der Gründung bestanden haben, zu sichern. Dem würde die mangelnde Annahme eines „Missbrauch" durch Geltendmachung des Art. 8 SE-Statut diametral entgegenlaufen. Insofern steht die Richtlinie 2001/86/EG nicht nur einem „Gebrauch" des Niederlassungsrechts aus Art. 8 SE-Statut entgegen. Sie statuiert auch

einen „Missbrauch", wenn Art. 8 SE-Statut zum Untergraben bereits erworbener Mitbestimmungsrechte der Arbeitnehmer benutzt wird. Vorliegend dient die Sitzverlegung der SE nur der Unterwanderung bereits erworbener Rechte der Arbeitnehmer deutschen Rumpf-AG. Daher liegt ein „Missbrauch" i.S.d. Art. 43 SEBG vor.

B. Ergebnis

Die von S vorgeschlagene Lösung stimmt nicht mit dem geltenden Recht überein. Sie raten S daher davon ab. **11**

Variante

Die von S vorgeschlagene Lösung wäre zustimmungswürdig, wenn sie mit dem geltenden Recht übereinstimmt. **12**

A. Verstoß gegen § 43 SEBG

Die von S vorgeschlagene Lösung könnte allerdings einen Verstoß gegen § 43 SEBG darstellen. Dies wäre der Fall, wenn die Umwandlung einen Missbrauch i.S.d. Vorschrift darstellen würde. **13**

I. Richtlinienkonforme Auslegung des Tatbestands des „Missbrauchs"

Zur Voraussetzung und der Reichweite der richtlinienkonformen Auslegung sei auf die oben bereits erfolgte Prüfung verwiesen. Demnach liegt kein „Missbrauch" vor, wenn A von ihren europarechtlich gewährleisteten Rechten Gebrauch macht. **14**

II. Kein Missbrauch durch Geltendmachung der Niederlassungsfreiheit gem. Art. 49 AEUV

A könnte durch die Sitzverlegung von ihrem Recht auf Niederlassungsfreiheit gem. Art. 49 AEUV Gebrauch machen. **15**

1. Vorprüfung

Art. 8 SE-Statut findet hier keine Anwendung. Daher ist kein einschlägiges Sekundärrecht, welches den Sachverhalt abschließend regelt vorhanden. Da die Regelung gerade eine Sitzverlegung über eine mitgliedstaatliche Grenze hinweg zum Gegenstand hat, ist sie auch grenzüberschreitend. **16**

2. Anwendungsbereich

17 Der Anwendungsbereich der Niederlassungsfreiheit müsste eröffnet sein, wobei der Anwendungsbereich grundsätzlich weit auszulegen ist.

a) Persönlich

18 Fraglich ist, ob A als juristische Person in den Anwendungsbereich der Niederlassungsfreiheit fällt. Gem. Art. 54 Abs. 1 AEUV fallen alle nach den Rechtsvorschriften eines Mitgliedstaats gegründeten Gesellschaften, die ihren satzungsmäßigen Sitz in einem Mitgliedstaat haben, in demselben Maße unter die Niederlassungsfreiheit wie natürliche Personen. A ist eine SE, die sich nach europarechtlichen Vorschriften gegründet hat. Damit würde sie nach dem Wortlaut des Art. 54 Abs. 1 AEUV nicht in den Anwendungsbereich der Niederlassungsfreiheit fallen. Sinn und Zweck dieser Regelung in Art. 54 Abs. 1 AEUV ist es, das Recht der Mitgliedstaaten sicherzustellen, die Voraussetzung der Rechtsfähigkeit juristischer Personen festzulegen. Die SE setzt eine bereits nach den mitgliedstaatlichen Regeln gegründete Gesellschaft voraus. Würde die SE in den Anwendungsbereich der Niederlassungsfreiheit fallen, wäre damit dieses Recht der Mitgliedstaaten nicht verletzt. Andererseits wäre es widersinnig, wenn eine nach unionsrechtlich gegründeten Vorschriften gegründete Gesellschaft sich nicht auf die unionsrechtlich gewährten Rechte berufen könnte. Nach dem Sinn und Zweck des Art. 54 Abs. 1 AEUV fällt die SE mithin auch in den persönlichen Anwendungsbereich der Niederlassungsfreiheit.

b) Sachlich

19 Eine Grenzüberschreitung der deutschen A müsste ferner in den sachlichen Anwendungsbereich der Niederlassungsfreiheit fallen. Damit müsste es sich bei dem Verhalten der A um eine „Niederlassung" handeln. Eine Niederlassung i.S.d. Art. 49 AEUV ist jede tatsächliche Ausübung einer wirtschaftlichen Tätigkeit mittels einer festen Einrichtung in einem anderen Mitgliedstaat auf unbestimmte Zeit. Fraglich ist allein, ob das Verhalten der A eine „Ausübung" i.S.d. Definition darstellt.

20 Würde man jede grenzüberschreitende Tätigkeit von Gesellschaften als „Ausübung" durch die Niederlassungsfreiheit schützen, so würde die EU indirekt die Voraussetzungen der Rechtsfähigkeit juristischer Personen regeln. Damit würde die Niederlassungsfreiheit im Ergebnis das durch Art. 54 Abs. 1 AEUV zum Vorschein tretende Recht der Mitgliedstaaten, die Rechtsfähigkeit von juristischen Personen selbst bestimmen zu können, aushöhlen. Ein kompletter Verzicht auf den Schutz grenzüberschreitender Niederlassungen von Gesellschaften würde jedoch zum Leerlaufen des Anwendungsbereichs der Niederlassungsfreiheit führen. Damit wäre das ebenfalls in Art. 54 Abs. 1 AEUV statuiere Recht der Gesellschaften, gleich wie Unionsbürger behandelt zu werden, unterlaufen. Vor dem Hintergrund der Notwendigkeit, dieses Spannungsverhältnisses auflösen zu müssen ist es daher fraglich, welche Ausübungen von der Niederlassungsfreiheit geschützt werden sollen. Der *EuGH* kommt dieser Herausforderung im Rahmen seiner Aufgabe zur „Wahrung des Rechts" gem. Art. 19 Abs. 1 S. 2 EUV nach und hat beständig dieses Spannungsverhältnis ausgelotet. Fraglich ist daher, wie ein Sachverhalt, wie der vorliegende, im Lichte der Rechtsprechung des *EuGH* zu sehen ist.

Nach der Rechtsprechung in Centros genießen Zweigniederlassungen grundsätzlich den vollumfänglichen Schutz der Niederlassungsfreiheit. Hier geht es jedoch um die Frage der Verlegung des Sitzes der Hauptniederlassung. **21**

Nach der Rechtsprechung in Überseering könnte man jedoch davon ausgehen, dass jede Gesellschaft, die einmal rechtmäßig in einem Mitgliedstaat gegründet worden ist, immer von der Niederlassungsfreiheit umfasst ist. Damit wäre jede Tätigkeit der A, die rechtmäßig nach deutschem Recht gegründet wurde, als „Ausübung" von der Niederlassungsfreiheit erfasst. Würde man die Entscheidung Überseering in einer solch weiten Auslegung verstehen, würde man letztlich in die Kompetenzen der Mitgliedstaaten eingreifen, die Rechtsfähigkeit von Gesellschaften selbst bestimmen zu können. **22**

Mit der Rechtssache Daily Mail könnte man davon ausgehen, dass nur der Zuzug einer Gesellschaft als „Ausübung" geschützt ist, nicht aber der Wegzug. Hier könnte man die Tätigkeit der A als Wegzug aus Deutschland qualifizieren, der sodann nicht von der Niederlassungsfreiheit geschützt wäre. Allerdings könnte man das gleiche Verhalten auch als Zuzug nach Ungarn werten, der dann von der Niederlassungsfreiheit umfasst wäre. Eine sinnvolle Differenzierung zwischen Wegzug und Zuzug lässt sich daher nur im Hinblick auf die Maßnahme erreichen. Hier soll durch die Maßnahme (Missbrauch gem. § 43 SEBG) die grenzüberschreitende Gründung einer SE, die zur Umgehung bereits bestehender Arbeitnehmerrechte führt, verhindert werden. Eine klare Unterscheidung, ob damit ein Zuzug oder ein Wegzug verhindert werden soll, ist nicht zu treffen. Die in Daily Mail getroffene Unterscheidung zwischen Zuzug und Wegzug ist hier damit nicht weiterführend. **23**

Allerdings könnte eine Evaluation anhand des Sinns und Zwecks der Niederlassungsfreiheit für juristische Personen zu einer Eröffnung des Anwendungsbereichs des Art. 49 AEUV führen. Grundsätzlich soll die Niederlassungsfreiheit gem. Art. 54 Abs. 1 AEUV allen nach den Vorschriften der Mitgliedstaaten gegründeten juristischen Personen gewährleistet sein. Diese Gewährleistung findet ihre Grenze jedoch **24** dort, wo das EU-Recht in das Recht der Mitgliedstaaten eingreift, die Rechtsfähigkeit juristischer Personen selbst zu bestimmen. § 43 SEBG verhindert jedoch die Gründung einer SE nach EU-Recht. Damit lässt § 43 SEBG das Recht der Mitgliedstaaten die Rechtsfähigkeit juristischer Personen zu bestimmen unberührt. Mithin ist das Verhalten der A voll von der Niederlassungsfreiheit erfasst.

25 Der Anwendungsbereich der Niederlassungsfreiheit ist mithin eröffnet.

c) Bereichsausnahme

26 Vorliegend wird nicht das Recht originär hoheitlicher Beschäftigung geregelt, damit findet die Bereichsausnahme des Art. 51 AEUV keine Anwendung.

3. Beeinträchtigung

27 Die Maßnahme müsste den Anwendungsbereich beeinträchtigen.

a) Maßnahme eines Verpflichteten

28 § 43 SEBG ist ein deutsches Gesetz, mithin das eines Mitgliedstaates. Damit hat hier der Mitgliedstaat Deutschland als durch die Grundfreiheiten Verpflichteter gehandelt.

b) Diskriminierung

29 Jede Form der Diskriminierung aufgrund der Staatsangehörigkeit stellt eine Beeinträchtigung der Niederlassungsfreiheit dar. Die Maßnahme knüpft jedoch nicht an einen diskriminierenden Tatbestand an, somit ist sie nicht unmittelbar diskriminierend.

c) Beschränkung

30 Allerdings könnte § 43 SEBG als „Beschränkung" die Niederlassungsfreiheit beeinträchtigen. Sowohl der Wortlaut des Art. 49 Abs. 1 AEUV als auch der *EuGH* lassen ausdrücklich auch Beschränkungen der Niederlassungsfreiheit als Beeinträchtigung zu.

31 Zur Beantwortung der Frage, ob es sich bei § 43 SEBG um eine Beschränkung handelt, kann demnach auf die Grundsätze der Dassonville-Formel zurückgegriffen werden. Mithin ist jede Maßnahme, die geeignet ist, die Niederlassungsfreiheit unmittelbar oder mittelbar, tatsächlich oder potenziell zu behindern, eine Beschränkung. Da A den Grenzübertritt nur zur Umgehung der Arbeitnehmerrechte vollzieht, ist § 43 SEBG potenziell geeignet, sie von diesem Grenzübertritt abzuhalten. Damit ist in § 43 SEBG zunächst eine Beeinträchtigung zu sehen.

32 Der *EuGH* hatte bislang keine Gelegenheit Stellung dazu zu nehmen, ob die weite Dassonville-Formel auch im Rahmen der Niederlas-

sungsfreiheit durch eine Zugangsformel eingeschränkt wird. Es ist allerdings kein Grund ersichtlich, warum er gerade bei der Niederlassungsfreiheit auf diese Einschränkung verzichten sollte. Damit ist fraglich, ob § 43 SEBG den Zugang zu einem anderen Mitgliedstaat beeinträchtigt. § 43 SEBG lässt das Recht der A, nach Ungarn zu gehen, unberührt. Die Niederlassungsfreiheit darf lediglich nicht dazu verwendet werden, um die Voraussetzungen dafür zu schaffen, im Rahmen einer SE-Gründung die Rechte der Arbeitnehmer zu umgehen. Daher handelt es sich bei § 43 SEBG um eine reine Ausübungsbeschränkung, die den Zugang der A nach Ungarn keinesfalls einschränkt. § 43 SEBG ist mithin keine Beeinträchtigung des Niederlassungsrechts der A.

A kann daher von ihrem Niederlassungsrecht soweit Gebrauch machen, wie ihr Handeln nicht dazu führt, dass im Rahmen einer SE-Gründung bereits erworbene Arbeitnehmerrechte unterwandert werden. **33**

B. Ergebnis

Die von S vorgeschlagene Lösung stellt insoweit einen Verstoß gegen § 43 SEBG dar, als damit bereits erworbene Arbeitnehmerrechte unterwandert werden. A kann mithin nach Ungarn gehen und sich in eine SE umwandeln, soweit hierdurch ursprünglich erworbene Arbeitnehmerrechte gewahrt werden. **34**

Zur Vertiefung: 📖 *Rehberg*, Die missbräuchliche Verkürzung der unternehmerischen Mitbestimmung durch die Societas Europaea, ZGR 2005, 859.

Fall 10. Der „Retter von A"

Inhalt: Europäisches Beihilfenrecht, Rücknahme eines europarechtswidrigen Verwaltungsakts, Auswirkungen des EU-Rechts auf das Verwaltungsrecht, Prinzip des effet utile.

Sachverhalt

Die Aluminiumhütte A ist einer der größten Arbeitgeber in dem deutschen Bundesland R. Obwohl R aufgrund seiner Struktur kulturell stark mit dem Wirtschaftszweig der Aluminiumhütte verbunden ist, liefern die Aluminiumhütten in R vor allem an das europäische Ausland. A ist in wirtschaftliche Schwierigkeiten geraten und droht mit Schließung. Um diese Schließung abzuwenden und Arbeitsplätze zu erhalten, gewährt R der A am 1.12.2009 Subventionen in Höhe von acht Millionen Euro, ohne dies vorher irgendwo bekannt zu machen. Da in R gerade Wahlkampf ist, lässt sich der zuständige Ministerpräsident als „Retter von A" feiern und erfährt große Sympathien im Land.

Die EU-Kommission leitete daraufhin ein Verfahren ein, in dem am 1.2.2010 festgestellt wurde, dass die Subvention mit Art. 107 AEUV unvereinbar sei und zurückgezahlt werden müsse. Da die Wahlen jedoch noch nicht stattgefunden haben und M daher weiter als „Retter von A" seine Chancen auf einen Wahlsieg erhöhen möchte, bleibt das Land R untätig. Im Fall der Rückforderung hätte außerdem die Insolvenz der Aluminiumhütte gedroht. Die A hat die Subvention mittlerweile vollends verbraucht. Die Kommission erhebt daraufhin eine Klage nach Art. 258 AEUV vor dem *EuGH*. Der *EuGH* verurteilt die BRD zur Rückforderung der Beihilfe, welcher die formell zuständige BRD am 1.4.2011 durch einen Rückforderungsbescheid gegen A nachkommt. A ist sich nicht sicher, ob es gegen die Rückforderung vor dem zuständigen VG Klage erheben sollte. Außerdem ist sie nicht sicher, ob die BRD die 8 Millionen Euro zurückfordern könnte.

A fragt Sie als Syndikus, ob der Rückforderungsbescheid der BRD rechtmäßig ist. A möchte außerdem wissen, ob die BRD einen Anspruch auf Rückgewähr der erhaltenen Leistungen hat.

Bearbeitervermerk: Gehen Sie davon aus, dass kein einschlägiges Sekundärrecht besteht. Gehen Sie ferner davon aus, dass nur das Verwaltungsrecht der BRD Anwendung findet.

Hinweis: Der Fall ist der Rs. *EuGH* C-24/95, (Alcan), ECLI:EU:C:1997:163 nachgebildet.

Gliederung

Rechtmäßigkeit des Rückforderungsbescheids

A. **Ermächtigungsgrundlage**
   I. Formelle Rechtmäßigkeit
   II. Materielle Rechtmäßigkeit
      1. Rechtswidriger Grund-Verwaltungsakt
         a) Nichteinhaltung der Notifizierungspflicht gem. Art. 108 Abs. 3 S. 1 AEUV
            aa) Rechtsfolgen des Verstoßes gegen Art. 108 Abs. 3 S. 1 AEUV
            bb) Vorliegen eines Verstoßes gegen Art. 108 Abs. 3 S. 1 AEUV
         b) Zwischenergebnis
      2. Kein Ausschlussgrund des Vertrauensschutzes gem. § 48 Abs. 2 S. 1 und 2 VwVfG
         a) Begünstigender Verwaltungsakt und Geldleistung
         b) Schutzwürdiges Vertrauen
         c) Keine grob fahrlässige Unkenntnis der Rechtswidrigkeit
      3. Kein Verstreichen der Rücknahmefrist gem. § 48 Abs. 4 VwVfG
         a) Verstreichen der Rücknahmefrist
         b) Vereinbarkeit mit dem effet utile des Unionsrechts
      4. Prüfung eines Ermessensfehlers
B. **Ergebnis**

Anspruch auf Rückgewähr erhaltener Leistungen

A. **Anspruchsgrundlage**
   I. Anspruchsvoraussetzungen
   II. Rechtsfolge
B. **Ergebnis**

Lösung

Rechtmäßigkeit des Rückforderungsbescheids

Fraglich ist, ob der Rückforderungsbescheid rechtmäßig ist. **1**

A. Ermächtigungsgrundlage

Voraussetzung ist zunächst das Vorliegen einer Ermächtigungsgrundlage für die Rückforderung. Mangels spezialgesetzlicher Regelungen ist für die Rücknahme der Subventionsbeihilfe als Verwaltungsakt § 48 VwVfG einschlägig. **2**

I. Formelle Rechtmäßigkeit

Bedenken hinsichtlich der formellen Rechtmäßigkeit der Entscheidung bestehen nicht. **3**

II. Materielle Rechtmäßigkeit

Die Rückforderung könnte jedoch materiell rechtswidrig sein. **4**

1. Rechtswidriger Grund-Verwaltungsakt

Dafür müsste zunächst gem. § 48 Abs. 1 VwVfG ein rechtswidriger Grund-Verwaltungsakt vorliegen. Vorliegend müsste daher der Verwaltungsakt vom 1.12.2009, aufgrund dessen die Subvention gewährt wurde, rechtswidrig sein.

a) Nichteinhaltung der Notifizierungspflicht gem. Art. 108 Abs. 3 S. 1 AEUV

Die Gewährung der Subvention könnte durch die Nichteinhaltung der in Art. 108 Abs. 3 S. 1 AEUV statuierten Notifizierungspflicht rechtswidrig sein. **5**

aa) Rechtsfolgen des Verstoßes gegen Art. 108 Abs. 3 S. 1 AEUV

Dafür müsste ein Verstoß gegen Art. 108 Abs. 3 S. 1 AEUV zur Rechtswidrigkeit eines Verwaltungsakts i.S.d. § 48 Abs. 1 VwVfG führen. Verstößt eine Norm des mitgliedstaatlichen Rechts gegen das europäische Primärrecht, so wird das mitgliedstaatliche Recht unanwendbar. Daraus könnte man folgern, dass die Subventionsbewilligung bei einem Verstoß gegen die Notifizierungspflicht nicht rechtswidrig, **6** sondern nur unanwendbar ist. Gegen eine solche Auslegung könnte jedoch der Grundsatz des effet utile, wie er sich aus dem Prinzip der loyalen Zusammenarbeit in Art. 4 Abs. 3 EUV ergibt und der die Mitgliedstaaten zur Erfüllung ihrer sich aus den europäischen Verträgen ergebenden Verpflichtungen anhält, sprechen. Nach diesem Grundsatz darf die Anwendung des nationalen Rechts die Tragweite und die Wirksamkeit des Unionsrechts nicht beeinträchtigen.[36] Aus Art. 108 Abs. 3 S. 1 AEUV folgt die Pflicht, Beihilfen zu notifizieren. Könnten solche nicht notifizierten Beihilfen nicht nach mitgliedstaatlichem Recht zurückverlangt werden, so wäre die Wirksamkeit des Unionsrechts beeinträchtigt. Damit ist „rechtswidrig" i.S.d. § 48 VwVfG so auszulegen, dass auch nach Unionsrecht unanwendbare Verwaltungsakte darunterfallen. Ein Verstoß gegen Art. 108 Abs. 3 S. 1 AEUV führt damit zur Rechtswidrigkeit eines Verwaltungsakts i.S.d. § 48 Abs. 1 VwVfG.

Hinweis: Die Europarechtswidrigkeit der Beihilfe an sich ist an dieser Stelle nicht zu prüfen. Dies obliegt allein dem EuGH.

bb) Vorliegen eines Verstoßes gegen Art. 108 Abs. 3 S. 1 AEUV

7 R müsste gegen Art. 108 Abs. 3 S. 1 AEUV verstoßen haben. Voraussetzung für die Einhaltung des Art. 108 Abs. 3 S. 1 AEUV ist zunächst, dass es sich bei den Subventionen um „Beihilfen" i.S.d. Art. 107 AEUV handelt. Dafür müsste durch die Subvention der Wettbewerb verfälscht und der Handel zwischen den Mitgliedstaaten beeinträchtigt werden.

8 Eine Wettbewerbsverfälschung ist immer dann gegeben, wenn die Beihilfe den Ablauf des Wettbewerbs auf dem relevanten Markt ändert. Der relevante Markt besteht hier aus dem Markt für Rohaluminium. Stärkt die Zuwendung die Position der A gegenüber anderen Hütten, so wird der Wettbewerb verfälscht. Vorliegend muss A durch die Zuwendung in Höhe von acht Millionen Euro nicht mehr mit zu Marktpreisen produziertem Aluminium seine Kosten decken. Dadurch wird seine Position gestärkt. Der Wettbewerb ist daher verfälscht.

9 Fraglich ist jedoch, ob der Handel zwischen den Mitgliedstaaten beeinträchtigt ist. Bei der Gewährung einer Zuwendung in Höhe von acht Millionen Euro ist die Anwendung einer „de minimis"-Regelung nicht denkbar. Darüber hinaus sind die Aluminiumhütten in R gerade grenzüberschreitend tätig. Ist eine von ihnen im Wettbewerb bevorteilt, hat dies auch Auswirkungen auf den grenzüberschreitenden Handel.

---

[36] *EuGH*, verb. Rs. C-205/82 (Deutsche Milchkontor), ECLI:EU:C:1983:233, Rn. 22.

Bei den Subventionen handelt es sich damit um „Beihilfen" i.S.d. 10
Art. 107 Abs. 1 AEUV. Damit müsste R die Kommission gem.
Art. 108 Abs. 3 S. 1 AEUV über sie unterrichtet haben, was R jedoch
unterlassen hat. Damit verstößt R gegen Art. 108 Abs. 3 S. 1 AEUV.

b) Zwischenergebnis

Die Gewährung der Subvention ist wegen Nichteinhaltung der Noti- 11
fizierungspflicht nach Art. 108 Abs. 3 S. 1 AEUV rechtswidrig. Der
Rücknahmebescheid ist daher grundsätzlich rechtmäßig.

2. Kein Ausschlussgrund des Vertrauensschutzes gem. § 48 Abs. 2 S. 1 und 2 VwVfG

Die Rückforderung dürfte jedoch nicht aus Gründen des Vertrauens- 12
schutzes gem. § 48 Abs. 2 S. 1 und 2 VwVfG ausgeschlossen sein.

a) Begünstigender Verwaltungsakt und Geldleistung

Gem. § 48 Abs. 1 S. 2 VwVfG müsste es sich bei dem Grund- 13
Verwaltungsakt um einen begünstigenden Verwaltungsakt handeln.
Vorliegend gewährt der Grund-Verwaltungsakt eine Subvention, er ist
damit begünstigend. Bei der Subvention handelt es sich auch um eine
Geldleistung i.S.d. § 48 Abs. 2 S. 1 Hs. 2 VwVfG.

b) Schutzwürdiges Vertrauen

A müsste auf diese Leistung jedoch auch gem. § 48 Abs. 2 S. 1 letz- 14
ter Hs. VwVfG vertraut haben und vertraut haben dürfen. Dies ist gem.
§ 48 Abs. 2 S. 2 VwVfG immer dann der Fall, wenn der Begünstigte
die gewährten Leistungen bereits verbraucht hat. Vorliegend hat A
bereits die gesamte Subvention verbraucht, daher hätte A grundsätzlich
ein schutzwürdiges Vertrauen in den Bestand der Subvention. Der
Rücknahmebescheid wäre rechtswidrig.

c) Keine grob fahrlässige Unkenntnis der Rechtswidrigkeit

Allerdings kann sich A auf ein solches Vertrauen nur berufen, wenn 15
nicht die Voraussetzungen des § 48 Abs. 2 S. 3 VwVfG gegeben sind.
Hier hat die A möglicherweise die Rechtswidrigkeit des Subventionsbescheids i.S.d. § 48 Abs. 2 S. 3 Nr. 3 VwVfG infolge grober Fahrlässigkeit nicht gekannt. Grobe Fahrlässigkeit liegt vor, wenn der Begünstigte die erforderliche Sorgfalt in besonders schwerem Maße verletzt
hat (vgl. § 45 Abs. 3 Nr. 3 SGB X). Dies ist immer dann der Fall, wenn
der Adressat einfachste, ganz nahe liegende Überlegungen nicht an-
stellt, erkannten Unklarheiten oder bestehenden Zweifeln an der Rich-
tigkeit eines Verwaltungsakts nicht nachgeht, aber auch, wenn sich für
ihn Zweifel nur deswegen nicht ergeben haben, weil er grob pflicht-

widrig eine kritische Prüfung des Bescheids nicht vorgenommen hat. Die A hat sich trotz des großen Volumens von acht Millionen Euro nicht der Einhaltung des Notifizierungsverfahrens vergewissert. Damit hat A eine kritische Prüfung des Subventionsbescheids nicht vorgenommen, obwohl es gerade bei einer solch hohen Summe einem sorgfältigen Gewerbetreibenden regelmäßig möglich ist, sich zu vergewissern, dass dieses Verfahren eingehalten wurde. Damit ist das schutzwürdige Vertrauen gem. § 48 Abs. 2 S. 3 Nr. 3 VwVfG ausgeschlossen. Der Rücknahmebescheid ist insoweit rechtmäßig.

Hinweis: Da die Notifizierungspflicht die Behörde trifft, und nicht das subventionierte Unternehmen, könnte man auf den Gedanken kommen, dass ein schutzwürdiges Vertrauen seitens A gegeben ist. Auch dann wäre die Rückforderung der Beihilfe aber letztlich nicht ausgeschlossen. Denn nationales Verwaltungsverfahrensrecht darf die praktische Wirksamkeit des Europarechts nicht verhindern.

3. Kein Verstreichen der Rücknahmefrist gem. § 48 Abs. 4 VwVfG

16   Ferner dürfte die Jahresfrist des § 48 Abs. 4 VwVfG nicht abgelaufen sein.

a) Verstreichen der Rücknahmefrist

17   Grundsätzlich ist die Rückforderung eines Verwaltungsakts nur bis zu einem Jahr nach Kenntniserlangung durch die Behörde möglich. Hier wurde die Subvention am 1.4.2011 zurückgefordert. Hätte die Behörde vor dem 1.4.2010 Kenntnis von Tatsachen erlangt, die die Rücknahme des Subventionsbescheids rechtfertigen, so wäre sie nach dem Wortlaut des § 48 Abs. 4 VwVfG nicht mehr zur Rücknahme des Subventionsbescheids berechtigt. Als ein solches Ereignis der Kenntniserlangung könnte die Feststellung der Kommission vom 1.2.2010 sein, dass der Subventionsbescheid nicht mit dem Unionsrecht übereinstimmt. Selbst wenn man mit der weitesten Auslegung des BVerwG annimmt, dass die Frist mit dem Ablauf des Tages (§ 31 VwVfG) zu laufen beginnt, an dem sie die vollständige zur Rücknahme erforderliche Kenntnis erlangt hat,[37] beginnt die Frist jedenfalls dann, wenn der Behörde sämtliche für die Rücknahmeentscheidung erhebliche Tatsachen vollständig vorliegen und sich die Rechtswidrigkeit des Verwaltungsakts und damit die Rücknahmeentscheidung aufgrund einer eindeutigen gesetzlichen Regelung geradezu aufdrängt.[38] Hier hat die Kommission unmissverständlich den Verstoß gegen die Beihilfevorschriften am 1.2.2010 festgestellt. Dass ein solcher Verstoß als

---

[37] *BVerwG* NJW 1985, 819.
[38] *OVG Münster* NVwZ 1988, 71.

"rechtswidrig" einzustufen ist, wurde bereits geprüft. Damit liegt ab dem 1.2.2010 eine eindeutige Rechtslage vor. Die Rücknahmefrist beginnt daher mit dem 1.2.2010 und ist zum Zeitpunkt des Erlasses des Rücknahmebescheids am 1.4.2011 bereits abgelaufen. Damit wäre hier gem. § 48 Abs. 4 VwVfG keine Rücknahme mehr möglich.

b) Vereinbarkeit mit dem effet utile des Unionsrechts

Fraglich ist jedoch, ob dies mit dem Grundsatz des effet utile zu vereinbaren ist. Eine solche nationale Vorschrift würde die Wirksamkeit des Notifizierungsverfahrens und damit die effektive Durchsetzung des Unionsrechts untergraben. Zwar gibt es auch im Unionsrecht das Bedürfnis nach Vertrauensschutz als Ausnahme vom effet utile.[39] Würde dieses Bedürfnis jedoch von den Mitgliedstaaten ausgeformt, so wäre hierdurch der Grundsatz der unmittelbaren Anwendbarkeit des Unionsrechts unterlaufen. Damit sind Ausnahmen vom Grundsatz der unmittelbaren Anwendbarkeit bspw. aufgrund des Vertrauensschutzes stets im Unionsrecht selbst anzuordnen.[40] § 48 Abs. 4 VwVfG ist damit im vorliegenden Fall unanwendbar. Anhaltspunkte für einen europarechtlich begündeten Vertrauensschutz gibt es vorliegend nicht.

18

Damit ist die Rücknahme des Subventionsbescheids nicht wegen Fristablaufs gem. § 48 Abs. 4 VwVfG ausgeschlossen.

19

4. Prüfung eines Ermessensfehlers

Bei dem Erlass des Rücknahmebescheids könnte die Behörde ermessensfehlerhaft gehandelt haben. Grundsätzlich wird der Behörde gem. § 48 Abs. 1 S.1 Hs. 1 VwVfG ein Ermessen eingeräumt („kann"). Allerdings hat vorliegend die EU-Kommission die BRD zur Rückforderung der Subventionsbeihilfe verpflichtet, sodass aufgrund des effet utile das Rücknahmeermessen in § 48 VwVfG europarechtskonform auf Null reduziert ist.

20

B. Ergebnis

Die Rücknahme gem. § 48 VwVfG ist somit rechtmäßig.

21

---

[39] *EuGH*, Rs C-262/88 (Barber), ECLI:EU:C:2010:795.
[40] *EuGH*, Rs C-262/88 (Barber), ECLI:EU:C:2010:795, Rn. 41.

Anspruch auf Rückgewähr erhaltener Leistungen

22 Die BRD müsste gegen A einen Anspruch auf Rückgewähr der acht Millionen Euro haben.

A. Anspruchsgrundlage

23 Die BRD könnte gegen A einen Anspruch auf Rückgewähr der acht Millionen Euro aus § 49a Abs. 1 VwVfG haben.

I. Anspruchsvoraussetzungen

24 Hierfür müsste die BRD gegenüber A einen Verwaltungsakt zurückgenommen oder i.S.d. § 49a Abs. 1 VwVfG widerrufen haben. Wie bereits geprüft wurde, wäre dies hier der Fall.

II. Rechtsfolge

25 Die A müsste daher gem. § 49a Abs. 2 S. 1 VwVfG sämtliche erhaltene Leistungen nach den Vorschiften der ungerechtfertigten Bereicherung des BGB herausgeben. A könnte jedoch analog § 818 Abs. 3 BGB nicht zur Herausgabe verpflichtet sein, wenn sie entreichert ist. Hier hat A bereits die volle Summe der Subvention verbraucht. A ist daher entreichert. Allerdings gilt diese Ausnahme gem. § 49a Abs. 2 S. 2 VwVfG nur, soweit er nicht die Umstände kannte oder infolge grober Fahrlässigkeit nicht kannte, die zur Rücknahme des Verwaltungsakts geführt haben. Wie bereits geprüft ist A Fahrlässigkeit in dieser Hinsicht vorzuwerfen. Er kann sich daher nicht auf Entreicherung berufen.

B. Ergebnis

26 Die BRD hat gegen A einen Anspruch auf Rückgewähr der acht Millionen Euro aus § 49a Abs. 1 VwVfG. Eine diesbezügliche Klage wäre daher begründet.

Zur Vertiefung: 📖 *Krausnick*, Grundfälle zu §§ 48, 49 VwVfG, JuS 2010, 681 ff., 778 ff.

Fall 11. Zulässigkeit und Zulassung

Inhalt: Europäisches Umweltrecht, Verhältnis von Völker- und Europarecht, europarechtskonforme Auslegung, effektiver Rechtsschutz, effet utile.

Sachverhalt

Der deutsche Autohersteller AKW möchte sein neustes Modell, den Euro6-Diesel EcoChampion GTI, auf den Markt bringen. Die Fahrzeuge verfügen über ein Abgasrückführventil zur Reduzierung der Stickstoff-Emissionen. Dieses ist so eingestellt, dass die Rückführungsrate bei einer Umgebungstemperatur von weniger als 12 Grad Celsius nur 75 % beträgt („Thermofenster"), wodurch die geltenden Emissionsgrenzwerte überschritten werden. Nach entsprechendem Antrag erteilt das Kraftfahrt-Bundesamt (KBA) für das Modell eine Typengenehmigung gemäß VO (EG) 715/2007.

Die Deutsche Klimahilfe (DKH), ein nach § 3 UmwRG anerkannter Umweltverband, hält die Genehmigung für rechtswidrig. Nach erfolglosem Widerspruchsverfahren erhebt sie Klage beim Verwaltungsgericht Schleswig-Holstein. Sie trägt vor, nach § 1 Abs. 5 UmwRG in Verbindung mit Art. 9 Abs. 3 der Aarhus-Konvention zur Klage befugt zu sein. Das Thermofenster des EcoChampion GTI stelle eine verbotene Abschalteinrichtung dar, da bei der in Deutschland herrschenden Durchschnittstemperatur von 10,4 Grad Celsius die Grenzwerte nicht eingehalten werden würden.

Das KBA hält die Klage für unzulässig. Eine Klagebefugnis nach dem UmwRG sei nicht gegeben. Im Rahmen der Typenzulassung werde auch überhaupt kein Umweltrecht geprüft. Jedenfalls sei die Klage unbegründet, da das Thermofenster eine technisch notwendige Abschalteinrichtung darstelle.

Bearbeitervermerk: Prüfen Sie die Erfolgsaussichten der Klage der DKH. Von einer Zuständigkeit des VG Schleswig-Holstein ist auszugehen (Schleswig-Holstein hat nur ein Verwaltungsgericht). Gehen Sie auch davon aus, dass das KBA gemäß Art. 10 Abs. 1 VO (EG) 715/2007 die Typengenehmigung erteilt, wenn alle Voraussetzungen der VO (EG) 715/2007 vorliegen.

Aarhus-Konvention

Übereinkommen über den Zugang zu Informationen, die Öffentlichkeitsbeteiligung an Entscheidungsverfahren und den Zugang zu Gerichten in Umweltangelegenheiten, das am 25. Juni 1998 in Aarhus (Dänemark) unterzeichnet und mit dem Beschluss 2005/370/EG des Rates vom 17. Februar 2005 im Namen der Europäischen Gemeinschaft genehmigt wurde. (ABl. 2005, L 124, S. 1)

Artikel 9 („Zugang zu Gerichten")

(3) Zusätzlich und unbeschadet der in den Absätzen 1 und 2 genannten Überprüfungsverfahren stellt jede Vertragspartei sicher, dass Mitglieder der Öffentlichkeit, sofern sie etwaige in ihrem innerstaatlichen Recht festgelegte Kriterien erfüllen, Zugang zu verwaltungsbehördlichen oder gerichtlichen Verfahren haben, um die von Privatpersonen und Behörden vorgenommenen Handlungen und begangenen Unterlassungen anzufechten, die gegen umweltbezogene Bestimmungen ihres innerstaatlichen Rechts verstoßen.

Verordnung (EG) Nr. 1367/2006

Verordnung (EG) Nr. 1367/2006 des Europäischen Parlaments und des Rates vom 6. September 2006 über die Anwendung der Bestimmungen des Übereinkommens von Århus über den Zugang zu Informationen, die Öffentlichkeitsbeteiligung an Entscheidungsverfahren und den Zugang zu Gerichten in Umweltangelegenheiten auf Organe und Einrichtungen der Gemeinschaft

Artikel 1 Ziel

(1) Ziel dieser Verordnung ist es, durch Festlegung von Vorschriften zur Anwendung der Bestimmungen des VN/ECE Übereinkommens über den Zugang zu Informationen, die Öffentlichkeitsbeteiligung an Entscheidungsverfahren und den Zugang zu Gerichten in Umweltangelegenheiten (im Folgenden das „Århus-Übereinkommen" genannt) auf die Organe und Einrichtungen der Gemeinschaft zur Umsetzung der Verpflichtungen aus diesem Übereinkommen beizutragen, und zwar insbesondere indem ...

d) in Umweltangelegenheiten der Zugang zu Gerichten auf Gemeinschaftsebene zu den in dieser Verordnung festgelegten Bedingungen gewährt wird.

Artikel 2 Begriffsbestimmungen

(1) Im Sinne dieser Verordnung bezeichnet der Ausdruck ...

f) „Umweltrecht" Rechtsvorschriften der Gemeinschaft, die unabhängig von ihrer Rechtsgrundlage zur Verfolgung der im Vertrag niedergelegten Ziele der gemeinschaftlichen Umweltpolitik beitragen: Erhaltung und Schutz der Umwelt sowie Verbesserung ihrer Qualität, Schutz der menschlichen Gesundheit, umsichtige und rationale Verwendung der natürlichen Ressourcen sowie Förderung von Maßnahmen auf internationaler Ebene zur Bewältigung regionaler und globaler Umweltprobleme; (...)

Verordnung (EG) Nr. 715/2007

Verordnung des Europäischen Parlaments und des Rates vom 20. Juni 2007 über die Typgenehmigung von Kraftfahrzeugen hinsichtlich der Emissionen von leichten Personenkraftwagen und Nutzfahrzeugen (Euro 5 und Euro 6) …

(…) gestützt auf den Vertrag über die Arbeitsweise der Europäischen Union, insbesondere auf Artikel 114 (…)

in Erwägung nachstehender Gründe:

(1) … Die technischen Vorschriften für die Typgenehmigung von Kraftfahrzeugen hinsichtlich ihrer Emissionen sollten folglich harmonisiert werden, um zu vermeiden, dass die Mitgliedstaaten unterschiedliche Vorschriften erlassen, und um ein hohes Umweltschutzniveau sicherzustellen. (…)

(6) Zur Verbesserung der Luftqualität und zur Einhaltung der Luftverschmutzungsgrenzwerte ist insbesondere eine erhebliche Minderung der Stickstoffoxidemissionen bei Dieselfahrzeugen erforderlich. Dabei ist es notwendig, in der Euro-6-Stufe ambitionierte Grenzwerte zu erreichen, ohne die Vorteile des Dieselmotors beim Kraftstoffverbrauch und bei der Kohlenwasserstoff- und Kohlenmonoxidemission aufgeben zu müssen. Die frühzeitige Festlegung einer solchen Stufe für die Reduzierung der Stickstoffoxidemissionen ermöglicht den Automobilherstellern eine langfristige, europaweite Planungssicherheit.

Artikel 3 Begriffsbestimmungen

Im Sinne dieser Verordnung (…) bezeichnet der Ausdruck: (…)

10. „Abschalteinrichtung" ein Konstruktionsteil, das die Temperatur, die Fahrzeuggeschwindigkeit, die Motordrehzahl (UpM), den eingelegten Getriebegang, den Unterdruck im Einlasskrümmer oder sonstige Parameter ermittelt, um die Funktion eines beliebigen Teils des Emissionskontrollsystems zu aktivieren, zu verändern, zu verzögern oder zu deaktivieren, wodurch die Wirksamkeit des Emissionskontrollsystems unter Bedingungen, die bei normalem Fahrzeugbetrieb vernünftigerweise zu erwarten sind, verringert wird;

Artikel 5 Anforderungen und Prüfungen

(1) Der Hersteller rüstet das Fahrzeug so aus, dass die Bauteile, die das Emissionsverhalten voraussichtlich beeinflussen, so konstruiert, gefertigt und montiert sind, dass das Fahrzeug unter normalen Betriebsbedingungen dieser Verordnung und ihren Durchführungsmaßnahmen entspricht.

(2) Die Verwendung von Abschalteinrichtungen, die die Wirkung von Emissionskontrollsystemen verringern, ist unzulässig. Dies ist nicht der Fall, wenn:

a) die Einrichtung notwendig ist, um den Motor vor Beschädigung oder Unfall zu schützen und um den sicheren Betrieb des Fahrzeugs zu gewährleisten; (…)

Hinweis: Der Fall ist der Rs. *EuGH,* Rs. C-873/19 (Deutsche Umwelthilfe), ECLI:EU:C:2022:857, nachgebildet.

Gliederung

A. Zulässigkeit

I. Eröffnung des Verwaltungsrechtswegs

II. Statthaftigkeit

III. Klagebefugnis

  1. Verletzung in eigenen Rechten

  2. Klagebefugnis nach dem Umwelt-Rechtsbehelfsgesetz

    a) Anwendungsbereich

    b) Klagebefugnis unmittelbar aus Art. 9 Abs. 3 AK

    c) Europarechtskonforme Auslegung

      aa) Persönlicher Anwendungsbereich

      bb) Sachlicher Anwendungsbereich

      cc) Zulässige mitgliedstaatliche Einschränkung

  3. Ergebnis

IV. Weitere Voraussetzungen

B. Begründetheit

I. Passivlegitimation

II. Rechtswidrigkeit

  1. Rechtsgrundlage

  2. Formelle Rechtmäßigkeit

  3. Materielle Rechtmäßigkeit

    a) Abschalteinrichtung

    b) Notwendigkeit

C. Ergebnis

Lösung

A. Zulässigkeit

I. Eröffnung des Verwaltungsrechtswegs

Bei der Klage der DKH handelt es sich um eine öffentlich-rechtliche Streitigkeit nicht-verfassungsrechtlicher Art gem. § 40 Abs. 1 S. 1 VwGO. Die streitentscheidenden Regelungen betreffen die Erteilung einer Typengenehmigung gemäß VO (EG) 715/2007 durch das KBA als hoheitliche Maßnahme. Auf- oder abdrängende Sonderzuweisungen sind nicht ersichtlich. 1

II. Statthaftigkeit

Die Klage ist als Anfechtungsklage gemäß § 42 Abs. 1 Alt. 1 VwGO statthaft. Die Typengenehmigung gemäß VO (EG) 715/2007 stellt einen Verwaltungsakt dar. 2

III. Klagebefugnis

Fraglich ist, ob die DKH klagebefugt i.S.v. § 42 Abs. 2 VwGO ist. 3

1. Verletzung in eigenen Rechten

Eine Verletzung der DKH in eigenen Rechten ist nicht ersichtlich. 4

2. Klagebefugnis nach dem Umwelt-Rechtsbehelfsgesetz

Eine **Klagebefugnis** könnte sich aber aus **§ 2 Abs. 1 UmwRG** ergeben. Danach kann eine nach § 3 UmwRG anerkannte Vereinigung Rechtsbehelfe nach Maßgabe der VwGO einlegen, ohne eine Verletzung in eigenen Rechten geltend machen zu müssen, wenn sich diese gegen eine Entscheidung nach § 1 Abs. 1 Satz 1 UmwRG richten und sie geltend macht, dass diese Entscheidung rechtswidrig ist. 5

a) Anwendungsbereich

Die DKH ist nach § 3 UmwRG anerkannt (vgl. Sachverhalt). Fraglich ist allerdings, ob die Typengenehmigung eine Entscheidung nach § 1 Abs. 1 UmwRG darstellt. Von den dort genannten Verfahren könnte allenfalls die **Zulassung anderer Vorhaben i.S.v. § 1 Abs. 1 Nr. 5 UmwRG** in Betracht kommen. Zu klären ist, ob ein Kfz-Typ als „Vorhaben" im Sinne der Vorschrift angesehen werden kann. 6

100 *Fall 11. Zulässigkeit und Zulassung*

7 Der **Wortlaut** von § 1 Abs. 1 Nr. 5 UmwRG dürfte zwar nicht ausschließen, einen Kfz-Typ als „Vorhaben" anzusehen. In der Regel wird der Begriff „Vorhaben" allerdings im Zusammenhang mit baulichen Anlagen verwendet, häufig auch in der Form „Bauvorhaben".

8 Auch die **systematische Auslegung** dürfte für dieses Ergebnis sprechen. Alle anderen in § 1 Abs. 1 UmwRG genannten „Vorhaben" sind ortsfeste Anlagen, die nach Bau- und Immissionsschutzrecht genehmigt werden. Nur für die Genehmigungsverfahren für ortsfesten Anlagen wollte der deutsche Gesetzgeber im UmwRG offensichtlich eine Rechtsschutzmöglichkeit durch Umweltverbände eröffnen.

b) Klagebefugnis unmittelbar aus Art. 9 Abs. 3 AK

9 Allerdings könnte sich die **Klagebefugnis unmittelbar aus Art. 9 Abs. 3 der Aarhus-Konvention** (im Folgenden: AK) ergeben. Dafür müsste es sich bei Art. 9 Abs. 3 AK um eine unmittelbar anwendbare Vorschrift des Europarechts handeln.

10 Die AK ist ein völkerrechtlicher Vertrag, der von der EG unterzeichnet und mit dem Beschluss 2005/370 genehmigt wurde. Nach ständiger Rechtsprechung des EuGH ist die AK damit zu einem „**integralen Bestandteil der Unionsrechtsordnung**" geworden.

Hinweis: Diese Grundentscheidung des EuGH besteht seit den 60er Jahren und sollte bekannt sein.

11 Fraglich ist allerdings, ob Art. 9 Abs. 3 AK **unmittelbar anwendbar** ist. Dafür müsste die Regelung in Art. 9 Abs. 3 AK klar und präzise sein, ihre Wirksamkeit dürfte nicht von nicht von weiteren Bedingungen oder Vollzugsakten abhängen, und sie dürfte keinen weiteren Ermessensspielraum für deren Anwendung geben.

Hinweis: Der Prüfungsmaßstab für die unmittelbare Anwendbarkeit von Vorschriften aus völkerrechtlichen Verträgen der EU entspricht im Wesentlichen dem für die unmittelbare Anwendbarkeit von Vorschriften des Primärrechts oder aus europäischen Richtlinien. Speziell für die Umweltverbandsklage und das Übereinkommen von Aarhus von besonderer Bedeutung ist die Entscheidung EuGH, Rs C-240/09 (Lesoochranárske zoskupenie/Slowakischer Braunbär), ECLI:EU:C:2011:125.

12 Gemäß Art. 9 Abs. 3 AK müssen die Mitgliedsstaaten Zugang zu gerichtlichen Verfahren sicherstellen, um die von Privatpersonen und Behörden vorgenommenen Handlungen anzufechten, die gegen umweltbezogene Bestimmungen ihres innerstaatlichen Rechts verstoßen. Für eine unmittelbare Anwendbarkeit dürfte diese Vorschrift zu unpräzise sein, da sie weder die anfechtbaren Handlungen noch die gerichtlichen Verfahren irgendwie definiert. Insofern hängt die Wirkung von Art. 9 Abs. 3 AK von weiteren Rechtsakten ab, nämlich der Bestim-

mung von gerichtlichen Zuständigkeiten, Rechtsbehelfen, etc. durch nationale Gesetze.

Eine Klagebefugnis dürfte sich nicht unmittelbar aus Art. 9 Abs. 3 AK ergeben. **13**

c) Europarechtskonforme Auslegung

Auch wenn Art. 9 Abs. 3 AK mangels Bestimmtheit nicht unmittelbar anwendbar ist, könnte der Begriff „Verfahren" in § 1 Abs. 1 Nr. 5 UmwRG allerdings **europarechtskonform** so auszulegen sein, dass er die Klage eines Umweltverbands gegen die Typengenehmigung eines Kfz umfasst. **14**

Wie eben dargestellt stellt die AK einen „integralen Bestandteil der Unionsrechtsordnung" dar. Damit erfasst die grundsätzliche Pflicht zur europarechtskonformen Auslegung nationaler Vorschriften im Einklang mit den Bestimmungen der AK. **15**

Zu klären ist aber, ob Art. 9 Abs. 3 AK die Klage eines Umweltverbands wie der DKH gegen die Typengenehmigung eines Kfz wegen eines möglichen Verstoßes gegen das Verbot von Abschalteinrichtungen in Art. 5 Abs. 2 der VO Nr. 715/2007 erfasst. **16**

aa) Persönlicher Anwendungsbereich: Anerkannte Vereinigung

Die DKH müsste dafür zunächst in den **persönlichen Anwendungsbereich** der AK fallen. Gemäß Bearbeitervermerk ist die DKH nach § 3 UmwRG anerkannt. Die Voraussetzungen der Anerkennung entsprechen den Voraussetzungen in Art. 2 Nr. 5 AK. Der persönliche Anwendungsbereich der AK dürfte eröffnet sein. **17**

bb) Sachlicher Anwendungsbereich: Umweltbezogene Rechtsnorm

Fraglich ist sodann, ob die Erteilung einer Typengenehmigung, die möglicherweise gegen Art. 5 Abs. 2 der VO (EG) Nr. 715/2007 verstößt, in den **sachlichen Anwendungsbereich** von Art. 9 Abs. 3 AK fällt. Dies wäre dann der Fall, wenn es sich um eine „behördliche Handlung" handelt, die gegen „**umweltbezogene Bestimmungen**" des „innerstaatlichen Rechts" verstößt. **18**

Die Typengenehmigung wird vom KBA als Verwaltungsakt erteilt, und stellt damit eine **behördliche Handlung** dar (s.o.). **19**

Bei Art. 5 Abs. 2 VO (EG) Nr. 715/2007, gegen den die Typengenehmigung nach Auffassung der DKH verstößt, dürfte es sich auch um eine **Vorschrift innerstaatlichen Rechts** i.S.v. Art. 9 Abs. 3 AK handeln. Denn gemäß Art. 288 Abs. 2 AEUV haben Verordnungen der EU allgemeine Geltung und gelten in jedem Mitgliedstaat unmittelbar. **20**

Hinweis: Ob die Typengenehmigung tatsächlich gegen die europäische Verordnung verstößt, ist eine Frage der Begründetheit.

21 Fraglich ist allerdings, ob es sich bei Art. 5 Abs. 2 VO (EG) Nr. 715/2007 um eine „**umweltbezogene Norm**" handelt.

22 Gegen die Annahme einer umweltbezogenen Norm könnte sprechen, dass die VO auf die **allgemeine Binnenmarktkompetenz** der EU in Art. 114 AEUV gestützt ist, und nicht auf eine umweltspezifische Rechtsgrundlage, wie insbesondere Art. 192 AEUV.

23 Für die Annahme einer „umweltbezogenen Norm" i.S.v. Art. 9 Abs. 3 AK dürfte allerdings sprechen, dass die Kommission nach **Art. 114 Abs. 3 AEUV** auch bei **Maßnahmen der Binnenmarktharmonisierung im Bereich des Umweltschutzes** von einem hohen Schutzniveau auszugehen hat. Gemäß den Erwägungsgründen 1 und 6 dient die VO (EG) Nr. 715/2007 ausdrücklich dem Ziel, ein hohes Umweltschutzniveau sicherzustellen und zur Verbesserung der Luftqualität und zur Einhaltung der Luftverschmutzungsgrenzwerte insbesondere die Emissionen bei Dieselkraftfahrzeugen zu mindern.

24 Entscheidend für die Annahme einer umweltbezogenen Vorschrift dürfte schließlich Art. 2 Abs. 1 lit. f VO (EG) Nr. 1367/2006 sprechen. Danach bezeichnet Umweltrecht Rechtsvorschriften der EU, die „**unabhängig von ihrer Rechtsgrundlage**" zur Verfolgung der im AEUV niedergelegten Ziele der Umweltpolitik der Union beitragen, darunter die Erhaltung und der Schutz der Umwelt sowie die Verbesserung ihrer Qualität und der Schutz der menschlichen Gesundheit.

25 Auch der sachliche Anwendungsbereich von Art. 9 Abs. 3 AK dürfte eröffnet sein.

cc) Zulässige mitgliedstaatliche Einschränkung

26 Fraglich ist schließlich, ob der Katalog der zulässigen Klagegegenstände in § 1 Abs. 1 Nr. 5 UmwRG unter die „**im innerstaatlichen Recht vorgesehenen Kriterien**" gemäß Art. 9 Abs. 3 AK fällt, die den Anwendungsbereich der Vorschrift zulässigerweise einschränken.

27 Dafür könnte sprechen, dass Europarecht den Mitgliedstaaten grundsätzlich einen **Gestaltungsspielraums für verfahrensrechtliche Vorschriften** von Rechtsbehelfen überlässt.

28 Allerdings beziehen sich die „innerstaatlichen Kriterien" schon nach dem Wortlaut von Art. 9 Abs. 3 AK auf den **Kreis der Anfechtungsberechtigten** und nicht den Klagegegenstand. Außerdem hätte Art. 9 Abs. 3 AK keine **praktische Wirksamkeit**, wenn Mitgliedsstaaten durch innerstaatliches Recht bestimmte Kategorien von umweltrelevanten Entscheidungen vom Rechtsschutzerfordernis ganz ausschließen könnten. Dies gilt umso mehr, wenn es sich bei den möglicher-

weise verletzten Normen um europäische Rechtsvorschriften handelt. Insofern sind alle verfahrensrechtlichen Einschränkungen der Mitgliedsstaaten auch an dem in **Art. 47 GR-Charta** verankerten Recht auf einen wirksamen Rechtsbehelf zu messen.

Dass die AK einen wirksamen Rechtsschutz nur für bestimmte umweltbezogene Sachverhalte regeln wollte, ist nicht ersichtlich. Die Zulassung einer Typengenehmigung für Kfz kann für die Umwelt von erheblicher und sogar deutlich größerer Bedeutung sein als die Zulassung bestimmter Bauvorhaben. 29

Die Beschränkung möglicher Klagegegenstände in § 1 Abs. 1 Nr. 5 UmwRG dürfte somit nicht zu den „im innerstaatlichen Recht vorgesehenen Kriterien" zählen, die den Anwendungsbereich von Art. 9 Abs. 3 AK beschränken 30

3. Ergebnis

§ 1 Abs. 1 Nr. 5 UmwRG dürfte europarechtskonform so auszulegen sein, dass der Begriff „Vorhaben" auch die Typengenehmigung eines Kfz umfasst. Eine Klagebefugnis nach § 2 Abs. 1 UmwRG ist damit gegeben. 31

Hinweis: Vertretbar wäre auch, eine europarechtskonforme Auslegung des Begriffs „Vorhaben" in konkreten Fall für unmöglich zu halten. Auch nach dieser Ansicht würde sich nach der Rechtsprechung des EuGH aber wohl eine Klagebefugnis der DKH ergeben. Das VG Schleswig-Holstein müsste dann nämlich die Einschränkung des Klagerechts in § 1 Abs. 1 Nr. 5 UmwRG wegen Verstoßes gegen vorrangiges Primärrecht unangewendet lassen. Zwar hat Art. 9 Abs. 3 AK als solcher keine unmittelbare Wirkung. Art. 47 GR-Charta entfaltet nach der Rechtsprechung des EuGH aber aus sich heraus Wirkung und muss nicht durch Bestimmungen des Unionsrechts oder des nationalen Rechts konkretisiert werden.

IV. Weitere Voraussetzungen

Die Zuständigkeit folgt §§ 45, 52 VwGO. Von der Zuständigkeit des VG Schleswig-Holsteins ist laut Bearbeitervermerk auszugehen. Das gemäß §§ 68 ff. VwGO erforderliche Widerspruchsverfahren wurde laut Sachverhalt erfolglos durchgeführt. Von einer Einhaltung der Klagefrist ist auszugehen. Eine kostengünstigere, einfachere, schnellere und/oder effizientere Lösung ist nicht ersichtlich, sodass auch ein Rechtsschutzbedürfnis seitens der DKH vorliegt. Die Klage ist zulässig. 32

B. Begründetheit

33 Die Klage müsste begründet sein. Dies wäre der Fall, wenn sie sich gegen den richtigen Beklagten richtet und der Verwaltungsakt rechtswidrig ist. Auf die Verletzung in eigenen Rechten kommt es bei der Verbandsklage gemäß § 2 Abs. 1 UmwRG nicht an.

I. Passivlegitimation

34 Die Bundesrepublik Deutschland ist als Rechtsträgerin des Kraftfahrzeugbundesamts gem. § 78 Abs. 1 Nr. 1 VwGO **passivlegitimiert**.

II. Rechtswidrigkeit

35 Die Typengenehmigung müsste rechtswidrig sein.

1. Rechtsgrundlage

Rechtsgrundlage der Typengenehmigung ist Art. 10 Abs. 1 VO (EG) 715/2007 (nicht zu prüfen, vgl. Bearbeitervermerk).

2. Formelle Rechtmäßigkeit

36 Anhaltspunkte für eine formelle Rechtswidrigkeit der Typengenehmigung sind nicht ersichtlich. Insbesondere ergibt sich auch aus dem UmwRG **keine Pflicht zur Anhörung** der DKH.

3. Materielle Rechtmäßigkeit

37 Die Typengenehmigung könnte materiell rechtswidrig sein, wenn das Thermofenster des EcoChampion eine **verbotene Abschalteinrichtung** i.S.v. Art. 5 Abs. 2 VO 715/2007 darstellt. Danach sind Abschalteinrichtungen, die die Wirkung von Emissionskontrollsystemen verringern, grundsätzlich unzulässig, sofern sie nicht notwendig sind, um den Motor vor Beschädigung oder Unfall zu schützen und um den sicheren Betrieb des Fahrzeugs zu gewährleisten.

a) Abschalteinrichtung

38 Bei dem Thermofenster dürfte es sich um eine Abschalteinrichtung i.S.v. Art. 5 Abs. 2 VO (EG) Nr. 715/2007 handeln.

39 Nach Art. 3 Nr. 10 VO (EG) Nr. 715/2007 handelt es sich dabei um ein Konstruktionsteil, das die Temperatur oder andere Parameter ermittelt, um die Funktion eines beliebigen Teils des Emissionskontrollsystems zu verändern, wodurch die Wirksamkeit des Emissionskontrollsystems unter Bedingungen, die bei normalem Fahrzeugbetrieb vernünftigerweise zu erwarten sind, verringert wird.

Das Thermofenster des EcoChampion ist so eingerichtet, dass die **40** Abgasrückführungsrate des Ventils in Abhängigkeit von der Umgebungstemperatur reguliert wird. Eine Abschalteinrichtung liegt vor.

b) Notwendigkeit

Fraglich ist, ob die Abschalteinrichtung „notwendig" ist. **41**

Für die Notwendigkeit der Abschalteinrichtung könnte sprechen, **42** dass Art. 5 Abs. 2 lit. a VO (EG) Nr. 715/2007 nach seinem Wortlaut keine weiteren Voraussetzungen daran stellt, als dass sie den Motor vor Beschädigung oder Unfall schützt und den sicheren Betrieb des Fahrzeugs zu gewährleistet. Dies ist nach dem Sachverhalt der Fall.

Gegen eine Notwendigkeit spricht allerdings **Sinn und Zweck** der **43** Regelung. Die VO (EG) Nr. 715/2007 verfolgt das Ziel, ein hohes Umweltschutzniveau sicherzustellen und die Luftqualität in der Union zu verbessern. Dieses Ziel erfordert eine wirksame Verringerung der NOx-Emissionen während der normalen Lebensdauer der Fahrzeuge.

Das Thermofenster des EcoChampion ist so eingestellt, dass seine **44** Effektivität bei der in Deutschland herrschenden Durchschnittstemperatur von 10,4 Grad Celsius nur 75 % beträgt. Die Abschalteinrichtung dient damit nicht nur der Vermeidung konkreter und schwerwiegender Betriebsgefahren durch Fehlfunktionen des Abgasrückführungssystems im Einzelfall, sondern führt dazu, dass die **Grenzwerte beim normalen Betrieb regelmäßig und systematisch nicht eingehalten** werden.

Wäre dies zulässig, verlöre das grundsätzliche Verbot von Abschalt- **45** einrichtungen zur Gewährleistung der Emissionsbegrenzung seine **praktische Wirksamkeit**. Dies entspräche auch offensichtlich nicht dem **Ausnahmecharakter** von Art. 5 Abs. 2 VO (EG) Nr. 715/2007, da in der Praxis die Ausnahme zur Regel würde.

Hinweis: Die enge Auslegung von Ausnahmen ist eine typische Argumentationsfigur des EuGH. Die Literatur verwendet teilweise die Formulierungen „singularia non sunt extendenda", „exceptio strictissimae interpretationis".

Die Typengenehmigung verstößt gegen Art. 5 Abs. 2 lit. a VO (EG) **46** Nr. 715/2007.

C. Ergebnis

Due Anfechtungsklage der DKH hat Aussicht auf Erfolg. **47**

Zur Vertiefung: 📖 *EuGH,* Rs C-664/15 (Protect), ECLI:EU:C:2017:987; *Reinhardt*, Die Auslegung der völkerrechtlichen Verträge der Europäischen Union, 2016.

Fall 12. Disziplin!

Inhalt: Vertragsverletzungsklage, Rechtsstaatlichkeit, Gewaltenteilung.

Sachverhalt

Der EU-Mitgliedsstaat M erlässt ein neues Disziplinargesetz für die Justiz. Auf dessen Grundlage wird eine Disziplinarkammer eingerichtet, die für Disziplinarverfahren gegen Richter der ordentlichen Gerichte zuständig ist. Die Disziplinarkammer besteht zur Hälfte aus Mitgliedern des Parlaments, zur anderen Hälfte aus Richtern, die bei Inkrafttreten des Gesetzes vom Staatspräsidenten von M ernannt werden. Das Disziplinargesetz sieht disziplinarische Maßnahmen bis hin zur Absetzung bei „offensichtlichen Rechtsverstößen" in Urteilen vor.

Die EU-Kommission ist der Ansicht, dass das Disziplinargesetz die richterliche Unabhängigkeit gefährdet. Die Disziplinarkammer unterliege zu großem politischen Einfluss. Disziplinarische Maßnahmen wegen politisch unerwünschter Entscheidungen, z.B. auch EuGH-Vorlagen, seien nicht ausgeschlossen. Damit verstoße das Disziplinargesetz gegen Art. 19 Abs. 1 UAbs. 2 EUV und Art. 267 Abs. 2 und 3 AEUV. Sie rügt die Verstöße zunächst in einem Mahnschreiben an M. Die Regierung von M tritt diesem Mahnschreiben entgegen: Europarecht sei nicht anwendbar. Disziplinarverfahren hätten rein internen Charakter und beträfen nicht speziell europarechtliche Bereiche. Der Begriff „offensichtlicher Rechtsverstoß" sei auch bisher schon im Disziplinarrecht von M verwendet und sehr restriktiv ausgelegt worden. Noch nie sei es zu disziplinarischen Maßnahmen wegen einer Vorlage an den EuGH gekommen.

In einer begründeten Stellungnahme fordert die Kommission M auf, das Disziplinargesetz innerhalb von 6 Monaten anzupassen. Nach erfolglosem Ablauf der Frist erhebt sie Klage gegen M beim EuGH.

Bearbeitervermerk: Prüfen Sie, wie der EuGH entscheiden wird. Stellen Sie dar, wie sich ein Urteil auswirkt, und ob M unmittelbar Sanktionen drohen.

Hinweis: Der Fall ist der Rs. *EuGH* C-791/19 (polnische Disziplinarkammer), ECLI:EU:C:2021:596 nachgebildet.

Gliederung

A. Zulässigkeit
  I. Zuständigkeit des EuGH
  II. Parteifähigkeit
  III. Vorverfahren
  IV. Klagegenstand
  V. Weitere Voraussetzungen
  VI. Ergebnis

B. Begründetheit
  I. Verstoß gegen Art. 19 Abs. 1 UAbs. 2 EUV
    1. Schaffung wirksamer Rechtsbehelfe
    2. Gewährleistung wirksamer Rechtsbehelfe
       a) Zusammensetzung der Disziplinarkammer
       b) Definition des Disziplinarvergehens
    3. Im Bereich des Unionsrechts
    4. Ergebnis
  II. Verstoß gegen Art. 267 Abs. 2 und 3 AEUV

C. Ergebnis und Urteilswirkungen

Lösung

1 Der Klage der EU-Kommission müsste zulässig und begründet sein.

Hinweis: Die gutachterliche Prüfung der Erfolgsaussichten einer Klage der EU-Kommission mag auf den ersten Blick als überraschende Aufgabenstellung erscheinen. Im Ergebnis handelt es sich aber um eine normale öffentlich-rechtliche Klausur. Das Vertragsverletzungsverfahren gehört zum Prüfungsstoff (vgl. in Bayern: § 18 Abs. 2 Nr. 6 JAPO). Das Prüfungsschema für Zulässigkeit und Begründetheit lässt sich unmittelbar aus Art. 258 AEUV ableiten. Die Fragestellung ist auch keineswegs praxisfern. So hätte beispielsweise ein deutscher Verkehrsminister gut daran getan, die Erfolgsaussichten der Vertragsverletzungsklage in der Rs. *EuGH* C-591/17, (PKW-Maut), ECLI:EU:C:2019:504 realistisch beurteilen zu lassen.

A. Zulässigkeit

2 Die Klage der Kommission müsste zulässig sein.

I. Zuständigkeit des EuGH

3 Es besteht eine **ausschließliche Zuständigkeit des EuGH für die Vertragsverletzungsklage**, da Art. 256 AEUV keine Zuständigkeit des Gerichts vorsieht.

II. Parteifähigkeit

4 Gemäß Art. 258 Abs. 1 AEUV ist die **EU-Kommission aktiv parteifähig** und M als **EU-Mitgliedstaat passiv parteifähig**.

III. Vorverfahren

5 Das **Vorverfahren gemäß Art. 258 Abs. 1 AEUV** wurde durchgeführt. Die Kommission hat zunächst ein **Mahnschreiben** an M gerichtet. Nachdem die Regierung einen Verstoß gegen das Unionsrecht abgestritten hat, hat die Kommission M in einer **begründeten Stellungnahme unter Fristsetzung** aufgefordert, die erforderlichen Maßnahmen zu ergreifen. Dabei dürfte es sich um eine **angemessene Fristsetzung** handeln. Innerhalb von 6 Monaten sollte es möglich sein, das Disziplinargesetz unter Einhaltung der verfassungsmäßigen Vorgaben zu ändern.

IV. Klagegegenstand

Klagegegenstand sind gem. Art. 258 Abs. 1 AEUV sämtliche Verstöße gegen Verpflichtungen aus den Verträgen. Infrage stehen hier die von der Kommission gerügten Verstöße gegen Art. 19 Abs. 1 UAbs. 2 EUV und der gegen Art. 267 Abs. 2 und 3 AEUV. **6**

Gemäß Art. 19 Abs. 1 UAbs. 2 EUV schaffen die Mitgliedstaaten die erforderlichen Rechtsbehelfe, um einen wirksamen Rechtsschutz in den vom Unionsrecht erfassten Bereichen zu gewährleisten. Zu einem **wirksamen Rechtsschutz** gehört die **Unabhängigkeit der Justiz**. Dies impliziert, dass die Rechtsunterworfenen **Vertrauen** in die Justiz und **keine berechtigten Zweifel** an ihrer Unempfänglichkeit für politische Einflussnahmen haben. Dieser Eindruck der richterlichen Unabhängigkeit könnten möglicherweise durch Regeln der Gerichtsorganisation und Disziplinarregeln, wie sie im Disziplinargesetz von M enthalten sind, betroffen sein. Es scheint dabei nicht ausgeschlossen, dass diese politische Einflussnahme auch die Auslegung von europarechtlichen Normen betrifft. Es erscheint daher möglich, dass das Disziplinargesetz von M gegen Art. 19 Abs. 2 UAbs. 2 EUV verstößt. Da nicht auszuschließen ist, dass das Disziplinargesetz die Unabhängigkeit der Justiz gerade auch im Zusammenhang mit Vorabentscheidungsverfahren nach § 267 AEUV beeinträchtigt, scheint auch ein Verstoß gegen Art. 267 Abs. 2 und 3 AEUV möglich. **7**

Hinweis: Ob tatsächlich ein Verstoß gegen Europarecht vorliegt, ist eine Frage der Begründetheit.

V. Weitere Voraussetzungen

Die Kommission ist von einer Vertragsverletzung durch das Disziplinargesetz von M überzeugt und damit klageberechtigt gemäß Art. 258 Abs. 1 AEUV. Der Mitgliedsstaat M hat die erhobenen Vorwürfe bis Klageerhebung nicht ausgeräumt hat, sodass von einem Rechtsschutzbedürfnis auszugehen ist. Das Vertragsverletzungsverfahren unterliegt keiner Fristbindung. Die Formerfordernisse finden sich in Art. 21 Abs. 1 S. 2, Art. 23 der Satzung des EuGH. Es ist nicht ersichtlich, dass diese nicht eingehalten worden sind. **8**

VI. Ergebnis

Die Klage der EU-Kommission gegen M ist zulässig. **9**

B. Begründetheit

10 Gemäß Art. 258 Abs. 1 AEUV ist die Klage begründet, wenn das Disziplinargesetz von M gegen Verpflichtungen aus den Europäischen Verträgen verstößt.

I. Verstoß gegen Art. 19 Abs. 1 UAbs. 2 EUV

11 Es könnte ein Verstoß gegen Art. 19 Abs. 1 UAbs. 2 EUV vorliegen. Danach schaffen die Mitgliedsstaaten der EU die erforderlichen Rechtsbehelfe, damit ein wirksamer Rechtsschutz in den vom Unionsrecht erfassten Bereichen gewährleistet ist.

1. Schaffung wirksamer Rechtsbehelfe

12 Fraglich ist zunächst, ob das Disziplinargesetz die Schaffung wirksamer Rechtsbehelfe betrifft; denn es enthält selbst ja keine Regelungen zu Rechtsbehelfen, sondern betrifft lediglich Interna der Justiz.

13 Angesichts der **fundamentalen Bedeutung der Rechtsstaatlichkeit für die EU** dürfte der Begriff der Schaffung wirksamer Rechtsbehelfe allerdings weit auszulegen sein. Die Rechtsstaatlichkeit gehört zu den zentralen Werten gemäß Art. 2 EUV, auf die sich die EU gründet und die allen Mitgliedsstaaten gemein sind. Sie ist auch in Art. 47 GR-Charta sowie Artt. 6 und 13 EMRK und verankert. Die Einhaltung des Europarechts ist Prämisse des gegenseitigen Vertrauens zwischen den Mitgliedsstaaten der EU.

14 In diesem Sinne dürfte die Schaffung wirksamer Rechtsbehelfe so auszulegen sein, dass die Mitgliedsstaaten **auch Rechtsvorschriften, die Rechtsbehelfe nur indirekt betreffen**, wie etwa Regelungen zur Gerichtsorganisation, Vergütung und Disziplinarmaßnahmen so gestalten müssen, dass das Vertrauen in die Rechtsstaatlichkeit nicht gefährdet wird.

15 Insbesondere Disziplinarmaßnahmen können schwerwiegende Auswirkungen auf Leben und Laufbahn der sanktionierten Richter haben. Die bloße Aussicht, in einem politisierten Disziplinarverfahren belangt zu werden, kann die Unabhängigkeit von Richtern offensichtlich beeinträchtigen. Darüber hinaus steht **bei Disziplinarverfahren das öffentliche Vertrauen in die Arbeitsweise und Unabhängigkeit der Justiz** auf dem Spiel. Dieses Vertrauen ist in einem demokratischen Staat Garant für Rechtsstaatlichkeit

16 Die Ausgestaltung eines Disziplinarwesens für Richter der nationalen ordentlichen Gerichtsbarkeit, die ihrerseits Teil des europäischen Rechtssystems bildet, betrifft die „Schaffung wirksamer Rechtsbehelfe" i.S.v. Art. 19 Abs. 1 UAbs. 2 EUV.

Lösung 111

2. Gewährleistung wirksamen Rechtsschutzes

Zu prüfen ist sodann, ob die Regelungen des Disziplinargesetzes die 17
„Gewährleistung wirksamen Rechtsschutzes" i.S.v. Art. 19 Abs. 1 UAbs. 2 EUV auch tatsächlich beeinträchtigen: Der wirksame Rechtsschutz im Sinne eines Vertrauens in die Unabhängigkeit der Justiz könnte vorliegend durch die Zusammensetzung der Kammer und die sehr offenen Definition der Disziplinarverstöße bei Rechtsverstößen in Entscheidungen beeinträchtigt sein.

a) Zusammensetzung der Disziplinarkammer

Eine Beeinträchtigung könnte zunächst darin bestehen, dass die Zu- 18
sammensetzung der Disziplinarkammer, die die Disziplinarentscheidungen fällt, Anlass zu Zweifeln an der Unabhängigkeit der Justiz gibt.

Zweifel könnten sich bereits daraus ergeben, dass das neue Gesetz 19
eine völlig neue Disziplinarkammer schafft und **alle Mitglieder der Kammer im selben Moment ernannt** werden. Dies gilt umso mehr als das Disziplinargesetz keine näheren Regeln für die Ernennung enthält, und diese auch nicht von der Justiz selbst, sondern durch den Präsidenten ernannt werden.

Zwar dürfte die bloße Tatsache, dass Richter vom Präsidenten eines 20
Mitgliedstaats ernannt werden, noch keine Zweifel an ihrer Unabhängigkeit und Unparteilichkeit aufkommen lassen. Die Ernennung von Richtern erfolgt in vielen Ländern formal durch das Staatsoberhaupt. Die Unabhängigkeit ist aber nur dann gewährleistet, wenn die **Voraussetzungen und Verfahrensmodalitäten der Ernennungsentscheidungen keine Zweifel an der Neutralität** der ernannten Richter und einer mittelbaren Einflussnahme auf ihre Entscheidungen wecken können.

Dazu kommt, dass die Disziplinarkammer nicht der für einen 21
Rechtsstaat charakteristischen **Gewaltenteilung** folgt, insbesondere der Unabhängigkeit der Gerichte gegenüber Legislative und Exekutive.

Das Disziplinargesetz von M erlaubt, dass alle Mitglieder der Dis- 22
ziplinarkammer unmittelbar von der Exekutive und Legislative benannt oder ihr sogar selbst angehören. Dadurch ergibt sich eine offensichtliche Gefahr einer Beeinflussung durch Legislative und/oder Exekutive, und die **Unabhängigkeit der Judikative** ist nicht mehr gewährleistet.

b) Definition des Disziplinarvergehens

Der wirksame Rechtsschutz im Sinne einer Unabhängigkeit der 23
Justiz könnte außerdem auch dadurch beeinträchtigt sein, dass die Definition des Disziplinarvergehens Rechtsverstößen in Urteilen **zu offen** sind und eine **politische Kontrolle** ermöglicht.

24 Dabei dürfte zwar nicht allein die Tatsache, dass im Disziplinargesetz von M offene Rechtsbegriffe verwendet werden, zu einem Verstoß gegen das Rechtsstaatsprinzip führen. Jeder Rechtsbegriff ist auslegungsbedürftig, und es besteht **grundsätzlich ein großer Spielraum der Mitgliedsstaaten bei der Gestaltung ihres Justizsystems**.

25 Zu berücksichtigen ist außerdem, dass Disziplinarverfahren gegen Richter grundsätzlich auch einen wichtigen **Beitrag zur Verantwortlichkeit und zur Effizienz der Justiz** leisten können. Auch die richterliche Unabhängigkeit darf nicht unbegrenzt gelten, und dazu führen, dass die disziplinarrechtliche Verantwortlichkeit eines Richters für seine Entscheidungen völlig abgeschafft wird. Im Gegenteil wäre es mit dem Rechtsstaatsprinzip wohl auch nicht vereinbar, wenn beispielsweise selbst vorsätzliche Missachtungen nationaler oder europäischer Vorschriften nicht disziplinarisch geahndet werden könnten.

26 Allerdings ist es für die Wahrung der richterlichen Unabhängigkeit essenziell, dass Disziplinarverfahren nicht zur politischen Kontrolle von Gerichtsentscheidungen oder Ausübung von Druck auf Richter eingesetzt werden. Etwaige Fehler bei der Rechtsauslegung, Sachverhalts- oder Beweiswürdigung dürfen für sich allein nicht zu Disziplinarmaßnahmen gegen Richter führen. Die disziplinarrechtliche Verantwortlichkeit eines Richters wegen seiner Entscheidungen muss vielmehr **auf ganz außergewöhnliche Fälle beschränkt** bleiben. Dafür bedarf es objektiver, überprüfbarer und präzise definierter Kriterien sowie verfahrensrechtlicher Garantien, die sicherstellen, dass jegliche Gefahr einer äußeren Beeinflussung des Entscheidungsinhalts vermieden wird. Nur solche Kriterien und Garantien können bei den Rechtsunterworfenen Zweifel an der Unempfänglichkeit und Neutralität von Richtern bezüglich widerstreitender Interessen ausräumen.

27 Die Regelungen des Disziplinargesetzes dürften in dieser Hinsicht nicht **hinreichend klar und präzise** sein. Die Formulierung „offensichtliche Missachtung von Rechtsvorschriften" schließt nicht aus, dass die Richter allein aufgrund des angeblich „fehlerhaften" Inhalts ihrer Entscheidungen zur Verantwortung gezogen werden und stellt nicht sicher, dass diese Verantwortlichkeit stets auf ganz außergewöhnliche Fälle beschränkt bleibt.

28 Gegen dieses Ergebnis dürfte auch nicht sprechen, dass der Begriff der „offensichtliche Missachtung von Rechtsvorschriften" auch bisher schon im Disziplinarrecht in M enthalten war, ohne dass dies von der EU-Kommission als Verstoß gegen Europarecht gerügt worden wäre.

29 Die Bedeutung nationaler Rechtsvorschriften, die Gegenstand eines Vertragsverletzungsverfahrens sind, ist zwar **grundsätzlich unter Berücksichtigung ihrer Auslegung durch die nationalen Gerichte** zu beurteilen. Angesichts der besonders hohen Bedeutung der Rechts-

staatlichkeit sind aber auch besonders **strenge Anforderungen an die Klarheit und Präzision** der Kriterien und Garantien zur Wahrung der Unabhängigkeit der Justiz zu stellen. Denn schon die bloße Aussicht auf die Einleitung von Disziplinarermittlungen wegen einer falschen Entscheidung ist geeignet, Druck auf Richter auszuüben. Die mitgliedsstaatlichen Pflichten aus Art. 19 Abs. 1 UAbs. 2 EUV dürften insofern auch dann schon verletzt sein, wenn nur eine von mehreren möglichen Auslegungen der nationalen Disziplinarvorschriften eine politische Einflussnahme ermöglicht.

Dies gilt umso mehr, als die Disziplinarentscheidungen nun in einem völlig neuen Kontext getroffen werden, und von einem politisch besetzten Gremium getroffen werden, welches den Mindestanforderungen an Unabhängigkeit und Unparteilichkeit nicht genügt (s.o.). 30

Die genannten Bestimmungen beeinträchtigen somit die Unabhängigkeit der Justiz, und damit den wirksamen Rechtsschutz. 31

3. Im Bereich des Unionsrechts

Das Disziplinargesetz betrifft ausweislich des Sachverhalts die **gesamte ordentliche Gerichtsbarkeit** in M. Eine Beschränkung auf Entscheidungen allein am Maßstab nationalen Rechts, die keinen europarechtlichen Bezug aufweisen, ist nicht ersichtlich. Das Gesetz betrifft daher gerade auch die Gewährleistung wirksamen Rechtsschutzes im Bereich des Europarechts. 32

4. Ergebnis
Ein Verstoß gegen Art. 19 Abs. 1 UAbs. 2 EUV dürfte vorliegen. 33

II. Verstoß gegen Art. 267 Abs. 2 und 3 AEUV

Das Disziplinargesetz könnte auch gegen Art. 267 Abs. 2 und 3 AEUV verstoßen. Art. 267 Abs. 2 AEUV verleiht jedem Gericht in einem EU-Mitgliedsstaat die Befugnis, dem EuGH Fragen zur Entscheidung über die Auslegung der Verträge, oder die Gültigkeit und Auslegung von Handlungen der Organe, Einrichtungen oder sonstigen Stellen der EU vorzulegen, wenn es eine Entscheidung darüber für erforderlich hält. Dabei handelt es sich um ein **individuelles Recht der mitgliedsstaatlichen Gerichte**, dass direkt aus Primärrecht folgt und nicht durch nationale Vorschriften eingeschränkt werden darf. Für höchste Gerichte, deren Entscheidungen nicht mehr mit Rechtsmitteln des innerstaatlichen Rechts angefochten werden können, ordnet Art. 267 Abs. 3 AEUV sogar eine **Pflicht zur Vorlage an den EuGH** an. 34

Diese Rechte und Pflichten der Gerichte von M aus Art. 267 Abs. 2 und 3 AEUV könnten durch das neue Disziplinargesetz insofern beein- 35 trächtigt sein, dass das Disziplinargesetz eine **politische Beeinflussung gerade auch bei Vorabentscheidungsersuchen** nicht ausschließt.

36 An Beschränkungen von Art. 267 Abs. 2 und 3 AEUV dürfte dabei grundsätzlich mindestens derselbe strenge Standard anzulegen sein, wie für Beschränkungen von Art. 9 Abs. 1 UAbs. 2 EUV. Denn das **Vorabentscheidungsverfahren ist das Schlüsselelement des europäischen Gerichtssystems.** Es ermöglicht einen Dialog zwischen den Gerichten der Mitgliedstaaten und dem EuGH und damit die einheitliche Auslegung des Unionsrechts. Damit sichert es die Kohärenz, Geltung und Autonomie des Europarechts.

37 Gemessen an diesem Maßstab dürfte das Disziplinargesetz gegen Art. 267 Abs. 2 und 3 AEUV verstoßen. Es scheint nicht ausgeschlossen, dass ein nationaler Richter in M darauf verzichtet, dem EuGH eine Frage zur Vorabentscheidung vorzulegen, wenn er aufgrund der politischen Zusammensetzung der Disziplinarkammer oder der sehr offenen Formulierung der Disziplinarvergehen negative Konsequenzen für seine persönliche Karriere fürchtet.

38 Wie oben dargestellt, dürfte aber die bloße Möglichkeit eines Disziplinarverfahrens genügen, die Effektivität von richterlichem Handeln zu beeinträchtigen.

39 Dass es in der Vergangenheit noch nie zu einem Disziplinarverfahren wegen einer Vorabentscheidung kam, dürfte insofern unerheblich sein. Denn einerseits lässt sich aus der Nicht-Anwendung in der Vergangenheit keine Garantie für die Zukunft ableiten. Zum anderen wird durch das Disziplinargesetz ein völlig neuer Kontext mit wesentlich stärkerem politischen Einfluss geschaffen (s.o.).

C. Ergebnis und Urteilswirkungen

40 Es ist davon auszugehen, dass der EuGH eine Vertragsverletzung feststellen wird.

41 Die Konsequenzen einer solchen Entscheidung bestimmen sich nach Art. 260 AEUV. Stellt der Gerichtshof die Vertragsverletzung fest, hat der betreffende Mitgliedstaat dem Urteil unverzüglich nachzukommen.

42 Ist die Kommission der Auffassung, dass der Mitgliedstaat dem Urteil nicht nachgekommen ist, kann sie gemäß Art. 260 Abs. 2 AEUV erneut den EuGH anrufen und finanzielle Sanktionen beantragen. Die Möglichkeit einer Festlegung von Sanktionen bereits im ersten Urteil gemäß Art. 260 Abs. 3 AEUV steht der Kommission zu, wenn sie der Auffassung ist, dass der betreffende Mitgliedstaat gegen seine Verpflichtung verstoßen hat, Maßnahmen zur Umsetzung einer gemäß einem Gesetzgebungsverfahren erlassenen Richtlinie mitzuteilen.

Unabhängig von der EuGH-Entscheidung scheint die Einleitung eines politischen Verfahrens gemäß Art. 7 EUV wegen der Verletzung fundamentaler Grundsätze durch einen Mitgliedsstaat denkbar. In diesem Verfahren könnten gemäß Art. 7 Abs. 3 EUV bestimmte Rechte von M aus der EU-Mitgliedschaft ausgesetzt werden. **43**

Um speziell für den Fall von Rechtsstaatlichkeitsdefiziten zwischen dem Vertragsverletzungsverfahren und der „nuklearen Option" des Art. 7 EUV eine effektive Zwischenlösung zu etablieren, wurde im Jahr 2020 die VO (EU) 2020/2092 über eine allgemeine Konditionalitätsregelung zum Schutz des Haushalts der Union verabschiedet (Konditionalitätsverordnung). Danach können bestimmte Zahlungen der EU an den betreffenden Mitgliedsstaat vorübergehend ausgesetzt werden. **44**

Zur Vertiefung: .Zum Vertragsverletzungsverfahren allgemein: *Purnhagen*, Europarecht, 2022, Kapitel 9, Rn. 1–9; Zum Rechtsstaatsprinzip: *Payandeh* JuS 2021, 481 ff.

Fall 13. Bullsh*t

Inhalt: Vertragsverletzungsverfahren; Umsetzung von Richtlinien; Beurteilungsspielraum vs. effet utile; Umgang mit wissenschaftlichen Erkenntnissen

Sachverhalt

Im EU-Mitgliedsstaat D werden viele Tiere gehalten und entsprechend viele tierische Ausscheidungen produziert. Diese werden in aller Regel als Dünger ausgebracht. Durch die Düngung geraten Nitratverbindungen in das Grundwasser und Flüsse.

Die EU-Nitratrichtlinie (NRL) soll Gewässerverunreinigungen durch landwirtschaftliches Nitrat verhindern. Gemäß Art. 10 NRL müssen die Mitgliedstaaten alle 4 Jahre einen Bericht zum Gewässerzustand abgeben. Aus den beiden letzten Berichten des europäischen Mitgliedsstaates D ergibt sich, dass die Nitratkonzentration im Grundwasser unter den kritischen Schwellenwert gesunken ist. Nahezu alle Küstengewässer von D sind eutrophiert und befinden sich in schlechtem ökologischem Zustand.

Die EU-Kommission kommt zu dem Ergebnis, dass D die Vorgaben der europäischen Nitratrichtlinie nicht vollständig umsetzt. Zwar hat D ein Aktionsprogramm i.S.v. Art. 5 Abs. 4 NRL erlassen, dessen Kernelement eine Düngeverordnung (DüV) ist. Allerdings erfüllt die DüV nach Ansicht der Kommission nicht die Vorgaben der NRL: Einerseits enthalte sie keine ausreichende Begrenzung der Ausbringungszeiten. Die aktuellste und umfassendste wissenschaftliche Studie belege, dass Grünland zwischen August und Februar überhaupt nicht gedüngt werden sollte. Andererseits stelle die DüV nicht ausreichend sicher, dass die Landwirte ausreichende Kapazitäten zur Lagerung vorhalten. Im Übrigen verstoße D gegen Art. 5 Abs. 4 NRL, indem es sein Aktionsprogramm nicht fortschreibe, obwohl die Berichterstattung klar zeige, dass die Küstengewässer eutrophiert sind.

Die Regierung von D tritt dieser Argumentation entgegen. Die nationale DüV enthalte eine klare Regelung, wonach im Dezember und Januar auf Grünland nicht gedüngt werden dürfe. Wetterdaten zeigen, dass damit die Perioden mit vollständiger Vegetationsruhe in D abgedeckt würden. In D schnitten viele Bauern auch noch bis November Heu auf Grünland. Ein Beginn der Sperrzeit am 1. August würde zu einem Verzicht auf die Nutzung von wichtigem Ertragspotenzial führen. Es seien auch Grundrechte betroffen. Die Auswertung eines mehrjährigen Feldversuchs einer staatlichen Forschungseinrichtung zeige, dass an dem untersuchten Gebirgsstandort in D die späte Ausbringung von Dünger nicht zu zusätzlichen N-Einträgen in Gewässern führe.

Auch die Regelungen der DüV zur Lagerung seien ausreichend. Sie enthalte die klare Aussage, dass „ausreichende Lagerkapazitäten für Flüssigdünger vorhanden sein müssen". Eine weitere Spezifizierung sei kaum administrabel. Im Übrigen sei eine spezielle Regelung von Lagerkapazitäten unnötig, da die Gesamtausbringungsmenge in der DüV ja eindeutig festgelegt sei.

Eine Verschärfung der DüV sei nicht geboten. Die Mitgliedsstaaten verfügten insofern über einen weiten Prognosespielraum. Die DüV sei erst vor 7 Jahren deutlich verschärft worden. Im Grundwasser hätten sich schon jetzt Verbesserungen gezeigt, und die kritischen Werte im Grundwasser würden nicht mehr überschritten. Die Verbesserung im Grundwasser werde sich mit der Zeit auch in einer Verbesserung der Wasserqualität in den Küstengewässern niederschlagen. Erst in einigen Jahren könnte man die Effektivität der Maßnahmen daher sinnvoll bewerten. Im Übrigen sei eine weitere Verschärfung bereits in Planung und werde in ca. 2 Jahren in Kraft treten.

Nach Durchführung des Vorverfahrens verklagt die EU Kommission D gemäß Art. 258 AEUV.

Bearbeitervermerk:

Prüfen Sie, ob die Klage <u>begründet</u> ist. Gehen sie davon aus, dass der Inhalt der in D geltenden DüV im Sachverhalt richtig wiedergegeben ist.

Nitratrichtlinie

Richtlinie des Rates vom 12. Dezember 1991 zum Schutz der Gewässer vor Verunreinigung durch Nitrat aus landwirtschaftlichen Quellen (91/676/EWG)

Art. 1

„Diese Richtlinie hat zum Ziel, die durch Nitrat aus landwirtschaftlichen Quellen verursachte oder ausgelöste Gewässerverunreinigung zu verringern und weiterer Gewässerverunreinigung dieser Art vorzubeugen.

Artikel 3

(1) Gewässer, die von Verunreinigung betroffen sind, und Gewässer, die von Verunreinigung betroffen werden könnten, falls keine Maßnahmen nach Artikel 5 ergriffen werden, werden von den Mitgliedstaaten nach den Kriterien des Anhangs I bestimmt. (...)

(4) Die Mitgliedstaaten sind gehalten, ihr Verzeichnis der gefährdeten Gebiete wenn notwendig, jedoch mindestens alle vier Jahre zu prüfen und gegebenenfalls zu ändern oder zu ergänzen, um Veränderungen und zum Zeitpunkt der vorherigen Einstufung unvorhergesehene Faktoren zu berücksichtigen. Sie unterrichten die Kommission innerhalb von sechs Monaten von jeder Änderung oder Ergänzung dieses Verzeichnisses.

Art. 5

„(1) Zur Verwirklichung der in Art. 1 genannten Ziele legen die Mitgliedstaaten (...) Aktionsprogramme für die als gefährdet ausgewiesenen Gebiete fest. (...)

(3) In den Aktionsprogrammen werden berücksichtigt:

a) die verfügbaren wissenschaftlichen und technischen Daten, insbesondere über die jeweiligen Stickstoffeinträge aus landwirtschaftlichen und anderen Quellen;

b) die Umweltbedingungen in den jeweiligen Regionen des Mitgliedstaates.

(4) Die Aktionsprogramme werden innerhalb von vier Jahren nach Aufstellung durchgeführt und enthalten folgende verbindlich vorgeschriebene Maßnahmen:

a) die Maßnahmen nach Anhang III; (...)

(5) Die Mitgliedstaaten treffen darüber hinaus im Rahmen der Aktionsprogramme die zusätzlichen Maßnahmen oder verstärkten Aktionen, die sie für erforderlich halten, wenn von Anfang an oder anhand der Erfahrungen bei der Durchführung der Aktionsprogramme deutlich wird, dass die Maßnahmen nach Absatz 4 zur Verwirklichung der in Artikel 1 genannten Ziele nicht ausreichen. Bei der Wahl dieser Maßnahmen oder Aktionen tragen die Mitgliedstaaten deren Wirksamkeit und den damit verbundenen Kosten im Vergleich zu anderen möglichen Vorbeugungsmaßnahmen Rechnung.

(...)

(7) Mindestens alle vier Jahre überprüfen die Mitgliedstaaten ihre Aktionsprogramme und schreiben sie, falls erforderlich, einschließlich zusätzlicher Maßnahmen nach Artikel 5 fort. Sie unterrichten die Kommission von allen Änderungen der Aktionsprogramme."

Art. 10:

„(1) Die Mitgliedstaaten legen der Kommission für den Vierjahreszeitraum nach Bekanntgabe dieser Richtlinie und für jeden darauffolgenden Vierjahreszeitraum einen Bericht mit den in Anhang V beschriebenen Informationen vor.

Anhang I „Kriterien für die Bestimmung der Gewässer nach Artikel 3 Absatz 1"

A. Gewässer nach Artikel 3 Absatz 1 werden unter anderem nach folgenden Kriterien bestimmt:

1. wenn Binnengewässer, insbesondere solche, die zur Trinkwassergewinnung genutzt werden oder bestimmt sind, eine höhere Nitratkonzentration als die nach der Richtlinie 75/440/EWG festgesetzte Konzentration enthalten oder enthalten können und keine Maßnahmen im Sinne des Artikels 5 getroffen werden;

2. wenn Grundwasser mehr als 50 mg/l Nitrat enthält oder enthalten könnte und keine Maßnahmen im Sinne des Artikels 5 getroffen werden;

3. wenn in Binnengewässern, Mündungsgewässern, Küstengewässern und in Meeren eine Eutrophierung festgestellt wurde oder in naher Zukunft zu befürchten ist und keine Maßnahmen im Sinne des Artikels 5 getroffen werden.

Anhang III „Maßnahmen, die in die Aktionsprogramme nach Artikel 5 Absatz 4 Buchstabe a) aufzunehmen sind"

„Diese Maßnahmen umfassen Vorschriften betreffend:

1. die Zeiträume, in denen das Ausbringen bestimmter Arten von Düngemitteln auf landwirtschaftlichen Flächen verboten ist;

2. das Fassungsvermögen von Behältern zur Lagerung von Dung; dieses muss größer sein als die erforderliche Kapazität für die Lagerung von Dung während des längsten Zeitraums, in dem das Ausbringen von Dung auf landwirtschaftlichen Flächen in den gefährdeten Gebieten verboten ist, es sei denn, der zuständigen Behörde gegenüber kann nachgewiesen werden, dass die das gegebene Fassungsvermögen übersteigende Menge umweltgerecht entsorgt wird;

(…)

Anhang V „Informationen für die Berichte nach Artikel 10"

Nr. 4 Lit. e

Die Berichte enthalten eine Übersicht über die Aktionsprogramme, insbesondere über die Prognosen der Mitgliedstaaten über den Zeitraum, in dem die nach Artikel 3 Absatz 1 bestimmten Gewässer voraussichtlich auf die Maßnahmen des Aktionsprogramms reagieren, und zwar unter Angabe der Unsicherheitsfaktoren, mit denen diese Prognosen behaftet sind.

Hinweis: Der Fall ist der Rs. EuGH C-543/16 *(Kommission/Deutschland)*, *ECLI:EU:C:2018:481* nachgebildet. Unter Eutrophierung versteht man die Anreicherung von Nährstoffen in Gewässern, wodurch sich der Sauerstoffgehalt verändert, und schädliches Algenwachstum gefördert wird.

Gliederung

A. Verstoß gegen Art. 5 Abs. 7 i.V.m. Anhang III NRL
    I. Unzureichende Sperrzeiten für die Grünland-Düngung
        1. Berücksichtigung wissenschaftlicher Daten
        2. Berücksichtigung von Grundrechten
    II. Unzureichende Regelungen zu Lagerkapazitäten

B. Verstoß gegen Art. 5 Abs. 5 NRL
    I. Verfehlung der Ziele nach Art. 1 NRL
    II. Nicht-Ausreichen der ergriffenen Maßnahmen
    III. Zusätzliche Maßnahmen

C. Ergebnis

Lösung

Die Klage ist begründet, wenn die nationalen Regelungen in D von den Vorgaben der NRL abweichen.

Hinweis: Gemäß dem Bearbeitervermerk ist die Zulässigkeit der Klage nicht zu untersuchen. Zum Prüfungsschema für die Zulässigkeit der Vertragsverletzungsklage (Aufsichtsklage) vgl. Fall 12.

A. Verstoß gegen Art. 5 Abs. 7 i.V.m. Anhang III NRL

D könnte gegen Art. 5 Abs. 7 i.V.m. Anhang III Nr. 1 Ziff. 1 bis 3 und Nr. 2 der Nitratrichtlinie (NRL) verstoßen, wenn die nationale DüV, als Kern des nationalen Aktionsprogramms, in verschiedenen Punkten von Vorgaben der Richtlinie abweicht.

I. Unzureichende Sperrzeiten für die Grünland-Düngung

Eine Abweichung der DüV von den Anforderungen der NRL, insbesondere von Art. 5 Abs. 4 i.V.m. Anhang III Nr. 1 Ziff. 1 NRL, könnte sich zunächst bei den Sperrzeiten für die Grünland-Düngung ergeben. Die DüV sieht insofern eine Sperrzeit von zwei Monaten vor. Die EU-Kommission hält dagegen – im Einklang mit der wissenschaftlichen Studie – eine Sperrzeit von fünf Monaten auf Grünland für erforderlich.

1. Berücksichtigung wissenschaftlicher Daten

Für die Auffassung von D könnte der Wortlaut von Anhang III Nr. 1 Ziff. 1 NRL sprechen. Dieser enthält lediglich die Vorgabe, dass in den Aktionsprogrammen Sperrzeiten festgelegt werden müssen. Eine konkrete Vorgabe über die Länge der Sperrzeiten ist in der NRL aber nicht enthalten.

Die von der EU-Kommission angeführte wissenschaftliche Studie ist auch selbst **nicht rechtsverbindlich**, sondern kann lediglich einen **Anhaltspunkt** für die Beurteilung der Frage darstellen, ob die Sperrzeiten ausreichen.

Gegen die Auslegung von D spricht allerdings, dass nach Art. 5 Abs. 3 lit. a NRL die nationalen Aktionsprogramme die verfügbaren wissenschaftlichen und technischen Daten sowie die physischen, geologischen und klimatischen Merkmale der einzelnen Regionen berücksichtigen müssen.

7 Ausweislich des Sachverhalts bezieht sich die EU-Kommission auf die aktuellste und umfassendste Studie zur Grünlanddüngung. Dabei dürfte es sich insofern um die **verfügbaren wissenschaftlichen und technischen Daten** im Sinne von Art. 5 Abs. 3 lit. a NRL handeln.

8 Die von D angeführte Untersuchung eines staatlichen Forschungsinstituts dürfte den wissenschaftlichen Stand nicht in Frage stellen können. Zwar kann eine derartige Untersuchung grundsätzlich geeignet sein, um den Inhalt der Verpflichtungen der NRL näher zu spezifizieren. Ausweislich des Sachverhalts beschränken sich die Ergebnisse auf einen einzigen Standort, der zudem in einer Gebirgsregion liegt. Von einer repräsentativen Untersuchung ist nicht auszugehen. Eine generelle Abweichung von den Vorgaben der NRL lässt sich damit nicht begründen.

2. Berücksichtigung von Grundrechten

9 Fraglich ist, ob sich eine Einschränkung der nach der NRL erforderlichen Sperrzeiten aufgrund von **Grundrechten** ergibt. Denkbar wäre möglicherweise eine Betroffenheit der Berufsfreiheit gemäß Art. 15 GR-Charta oder der unternehmerischen Freiheit gemäß Art. 16 GR-Charta. D verweist insofern darauf, dass das Ertragspotenzial des Grünlands nicht voll ausgeschöpft werden würde.

10 Tatsächlich sind die europäischen Grundrechte gemäß Art. 51 Abs. 1 GR-Charta von den Mitgliedstaaten bei der Durchführung von Unionsrecht immer zu beachten. Allerdings dürfte das Vorbringen von D zu einer möglichen Grundrechtsbetroffenheit nicht ausreichend substantiiert sein, um eine Abweichung von den Vorgaben der NRL zu rechtfertigen. Ein **pauschaler Verweis auf die Geltung von Grundrechten** und das möglicherweise nicht-ausgeschöpfte Ertragspotenzial von Grünland in D dürfte nicht ausreichen, um den Richtlinienverstoß in Frage zu stellen. Erforderlich wäre dafür eine konkrete Darstellung, wessen Grundrechte durch die Sperrzeiten in welchem Maße beeinträchtigt wären, und warum diese Grundrechte gegenüber der von der NRL angestrebten Verringerung der Nitratverunreinigung überwiegen. Selbst wenn tatsächlich ein erhebliches Ertragspotenzial von Grünland an bestimmten Orten in D verloren ginge, würde dies vorranging nur die wirtschaftlichen Interessen bestimmter Personen betreffen. Gleichzeitig werden Gewässer im Interesse der Allgemeinheit geschützt.

11 Die Regelungen zu den Sperrzeiten dürfte gegen die Anforderungen aus Art. 5 Abs. 3 und 4 i.V.m. Annex III NRL verstoßen.

II. Unzureichende Regelungen zu Lagerkapazitäten

Die DüV könnte weiterhin gegen Anhang III Nr. 1 Ziff. 2 NRL verstoßen. Danach müssen die Aktionsprogramme Regelungen zu Bauweise und Fassungsvermögen von Düngebehältern enthalten. Das Fassungsvermögen muss größer sein als die erforderliche Kapazität für die Lagerung von Dung während des längsten Zeitraums, in dem das Ausbringen von Dung auf landwirtschaftlichen Flächen in den gefährdeten Gebieten verboten ist, es sei denn, der zuständigen Behörde gegenüber kann nachgewiesen werden, dass die das gegebene Fassungsvermögen übersteigende Menge umweltgerecht entsorgt wird. 12

Fraglich ist, ob die Regelung der DüV, wonach „ausreichende Lagerkapazitäten für Flüssigdünger vorhanden sein müssen" diese Vorgabe hinreichend umsetzt. 13

Ein Verstoß dürfte bereits darin liegen, dass die Regelung in der DüV lediglich Flüssigdünger betrifft. Feste Dünger, wie beispielsweise Mist, werden in die Verpflichtung nicht einbezogen, obwohl sich aus der NRL keine entsprechende Differenzierung ergibt. 14

Im Übrigen dürfte die Regelung aber auch bezüglich Flüssigdüngern nicht den Vorgaben der Richtlinie entsprechen. Denn die **praktische Wirksamkeit** der Richtlinienvorgaben scheint gefährdet, wenn die nationale Umsetzung lediglich durch eine Ergebnisverpflichtung erfolgen könnte. Erforderlich dürften vielmehr **konkrete und verbindliche Vorschriften** sein, die die vom einzelnen Landwirt vorzuhaltenden Lagerkapazitäten eindeutig festlegen. Nur solche Vorschriften können nämlich eine behördliche Überwachung und ggf. Sanktionierung ermöglichen. 15

Fraglich ist, ob sich D darauf berufen kann, dass konkrete Regelungen nicht administrabel sind. Allerdings können sich Mitgliedsstaaten nach ständiger Rechtsprechung **nicht auf Bestimmungen, Übungen oder Umstände seiner internen Rechtsordnung berufen**, um die Nichteinhaltung der in einer Richtlinie festgelegten Verpflichtungen und Fristen zu rechtfertigen. 16

B. Verstoß gegen Art. 5 Abs. 5 NRL

D könnte außerdem gegen Art. 5 Abs. 5 NRL verstoßen haben, weil es die Regelungen der DüV seit 7 Jahren nicht verschärft hat. 17

Gemäß Art. 5 Abs. 5 NRL ergreifen die Mitgliedsstaaten zusätzliche Maßnahmen, die sie für erforderlich halten, wenn aus dem Bericht gemäß Art. 10 NRL deutlich wird, dass die Maßnahmen in ihrem Aktionsprogramm zur Verwirklichung der in Artikel 1 NRL genannten Ziele nicht ausreichen. 18

I. Verfehlung der Ziele nach Art. 1 NRL

19 Fraglich ist zunächst, ob aus den Berichten deutlich wird, dass die Ziele gemäß § 1 NRL verfehlt werden.

20 D vertritt, dass sich die Berichte eine Verfehlung der Ziele nicht zeigten. Zwar befinden sich die Küstengewässer von D allesamt in einem schlechten ökologischen Zustand. Die Nitratgehalte im Grundwasser hätten den kritischen Wert bereits unterschritten. Mit zeitlicher Verzögerung würde sich daher auch die Situation in den Küstengewässern verbessern.

21 Gegen die Auslegung der Regierung von D dürfte jedoch bereits der Wortlaut der NRL sprechen. Nach Art. 3 Abs. 1 i.V.m. Anhang I Teil A Nrn. 2 und 3 NRL sind Gewässer nicht nur dann als von Verunreinigung betroffen, wenn das Grundwasser mehr als 50 mg/l Nitrat enthält, sondern auch dann, wenn in Binnengewässern, Mündungsgewässern, Küstengewässern und Meeren eine Eutrophierung festgestellt wird. Die Eutrophierung der Küstengewässer stellt damit einen **eigenständigen Grund** dar, der die Pflicht zur Verschärfung der nationalen Aktionsprogramme auslösen kann.

22 Für dieses Ergebnis dürfte auch Sinn und Zweck der NRL sprechen. Zwar ist die Reduzierung der Stickstoffeinträge im Grundwasser ein wichtiges Ziel. Letztlich geht es aber darum, die Nitratgehalte in allen Gewässern zu reduzieren.

23 Es ist davon auszugehen, dass die Berichte zeigen, dass die Ziele der NRL in D verfehlt werden.

II. Nicht-Ausreichen der ergriffenen Maßnahmen

24 Fraglich ist weiterhin, ob aus der Zielverfehlung deutlich wird, dass die bereits ergriffenen Maßnahmen nicht ausreichen.

25 Die Regierung von D vertritt insofern die Ansicht, dass sich eine Pflicht zur Ergreifung zusätzlicher Maßnahmen erst ergibt, wenn kein vernünftiger Zweifel mehr daran besteht, dass die geltenden Maßnahmen nicht ausreichen. Verlässliche Rückschlüsse auf die Wirksamkeit aller Maßnahmen der DüV könnten aber erst mit einer gewissen Verzögerung getroffen werden. Den Mitgliedsstaaten komme insofern ein **gerichtlich nicht überprüfbarer Beurteilungsspielraum** zu.

26 Für einen mitgliedstaatlichen Beurteilungsspielraum könnte der Wortlaut von Art. 5 Abs. 5 NRL sprechen, wonach die Mitgliedstaaten die zusätzlichen Maßnahmen ergreifen, die „sie für erforderlich halten".

27 Außerdem könnte für die Annahme eines Beurteilungsspielraums sprechen, dass Art. 5 Abs. 5 NRL eine Prognose erfordert. Anhang V

Nr. 4 lit. e NRL sieht ausdrücklich vor, dass der „Bericht" nach Art. 10 der Richtlinie Prognosen der Mitgliedstaaten über den Zeitraum enthält, in dem die Gewässer voraussichtlich auf die Maßnahmen des Aktionsprogramms reagieren, und zwar unter Angabe der Unsicherheitsfaktoren, mit denen diese Prognosen behaftet sind.

Gegen die Annahme eines mitgliedstaatlichen Beurteilungsspielraums spricht allerdings, dass die **praktische Wirksamkeit** von Art. 5 Abs. 5 NRL erheblich beeinträchtigt wäre, wenn die Beurteilung, ob zusätzliche Maßnahmen erforderlich sind, den Mitgliedsstaaten zur eigenen Bewertung überlassen bliebe. Auch wenn eine fehlende Zielerreichung festgestellt würde, könnten die Mitgliedstaaten den Erlass zusätzlicher Maßnahmen oder verstärkter Aktionen über einen langen Zeitraum aufschieben, nur um sich Gewissheit darüber zu verschaffen, dass die bisher getroffenen Maßnahmen nicht ausreichend seien. 28

Aus Art. 5 Abs. 7 und Art. 10 der Richtlinie ergibt sich für die Mitgliedsstaaten eine zeitlich klar definierte Pflicht zur regelmäßigen Überprüfung und ggf. Anpassung der Maßnahmen. Dieser regelmäßigen Bewertung hätte letztlich keinerlei Bedeutung, wenn es die Mitgliedsstaaten in der Hand hätten, die Entscheidung darüber, ob diese Maßnahmen ausreichen, über den Vierjahreszeitraum hinaus zu verzögern. 29

Es ist davon auszugehen, dass die von D ergriffenen Maßnahmen nicht ausreichen. 30

III. Zusätzliche Maßnahmen

Fraglich ist schließlich, ob dem Vorbringen von D gefolgt werden kann, dass bereits vor 7 Jahren zusätzliche Maßnahmen ergriffen wurden und in 2 Jahren weitere Maßnahmen geplant sind. 31

Entsprechend dem eben Gesagten dürften die vor 7 Jahren unternommenen Verschärfungen der DüV allerdings nicht als „zusätzliche Maßnahmen" oder „verstärkte Aktionen" im Sinne von Art. 5 Abs. 5 der Richtlinie 91/676 gewertet werden. Sie stellen schon rein zeitlich keine Reaktion auf die Daten zur Wasserqualität im letzten Bericht dar. Der von der NRL für Monitoring und Anpassung vorgesehene 4-Jahres-Turnus wäre **ohne praktische Wirksamkeit**, wenn ältere Maßnahmen angerechnet werden würden. 32

Die in Aussicht gestellte Verschärfung der DüV in ca. 2 Jahren dürfte schon deshalb nicht ausreichen, weil ihr Inkrafttreten im aktuellen Zeitpunkt nicht sicher ist. 33

C. Ergebnis

34 D dürfte gegen die Pflicht zur Umsetzung der NRL verstoßen, da das nationale Aktionsprogramm keine ausreichenden Regelungen zu Sperrzeiten und Lagerkapazitäten vorsieht und nicht fortgeschrieben wurde, obwohl aus den Berichten deutlich wird, dass die Ziele der NRL verfehlt werden und die im Aktionsprogramm ergriffenen Maßnahmen nicht ausreichen.

Hinweis: Agrarrecht und die europäische Nitrat-Richtlinie gehören sicher nicht zum Pflichtstoff für das erste Staatsexamen. Gerade im Europarecht sollte man aber immer damit rechnen, mit unbekannten, oft technischen und auf den ersten Blick unübersichtlichen Normen konfrontiert zu werden. Wie der Fall zeigt, ist die Lösung gerade in diesen Fällen aber oft gar nicht so schwer.

Zur Vertiefung: 📖. *Purnhagen*, Europarecht, 2022, Kapitel 9, Rn. 1–9; Zur praktischen Handhabung des Vertragsverletzungsverfahrens und Höhe der verhängten Sanktionen insbesondere bei Richtlinienverstößen: *Wendenburg/Reichert* NVwZ 2017, 1338 ff.

Fall 14. Migration

Inhalt: Migrationsrecht, Genfer Konvention, Qualifikations- und Familienzusammenführungsrichtlinie.

Sachverhalt

Der 17-jährige A soll im Land L zum Wehrdienst eingezogen werden. In L herrscht seit mehreren Jahren Bürgerkrieg. Dabei werden von Regierungstruppen wiederholt und systematisch Kriegsverbrechen verübt, an denen häufig auch Wehrdienstpflichtige beteiligt sind. Eine Wehrdienstverweigerung ist in L gesetzlich nicht vorgesehen, die Wehrdienstentziehung wird mit schweren Strafen bedroht.

Noch bevor er einen Einziehungsbescheid erhält, reist A nach Deutschland und beantragt Asyl. Im Verfahren gibt er an, dass er den Bürgerkrieg und die Verbrechen gegen die Bevölkerung ablehne und sich nicht daran beteiligen wolle. Politisch sei er allerdings bislang in L nicht aktiv gewesen und habe auch nicht aktiv an Demonstrationen oder ähnlichem teilgenommen.

A's verwitwete Mutter M will zu ihrem Sohn nach Deutschland ziehen. Beim deutschen Konsulat im Nachbarland beantragt sie ein Visum zur Familienzusammenführung. Die Ausländerbehörde bearbeitet den Fall A allerdings nur sehr langsam. Als A eine Aufenthaltserlaubnis als Flüchtling erhält, ist er bereits volljährig. M's Antrag wird daraufhin abgelehnt.

Bearbeitervermerk: Prüfen Sie gutachterlich, ob A in Deutschland als Flüchtling anzuerkennen ist, und ob M eine Aufenthaltserlaubnis zu erteilen ist.

Genfer Flüchtlingskonvention

Abkommen über die Rechtsstellung der Flüchtlinge vom 28. Juli 1951, verkündet mit Gesetz vom 01.09.1953 (BGBl. II S. 559), in Kraft getreten am 22.04.1954 gemäß Bekanntmachung des Bundesministers des Auswärtigen vom 25.04.1954 (BGBl. II S. 619) unter Berücksichtigung des Protokolls über die Rechtsstellung der Flüchtlinge vom 31. Januar 1967, verkündet mit Gesetz vom 11.07.1969 (BGBl. II S. 1293)

Artikel 1

Definition des Begriffs „Flüchtling"

A.
Im Sinne dieses Abkommens findet der Ausdruck „Flüchtling" auf jede Person Anwendung:

(...)

2. die [...] aus der begründeten Furcht vor Verfolgung wegen ihrer Rasse, Religion, Nationalität, Zugehörigkeit zu einer bestimmten sozialen Gruppe oder wegen ihrer politischen Überzeugung sich außerhalb des Landes befindet, dessen Staatsangehörigkeit sie besitzt, und den Schutz dieses Landes nicht in Anspruch nehmen kann oder wegen dieser Befürchtungen nicht in Anspruch nehmen will; oder die sich als staatenlose infolge solcher Ereignisse außerhalb des Landes befindet, in welchem sie ihren gewöhnlichen Aufenthalt hatte, und nicht dorthin zurückkehren kann oder wegen der erwähnten Befürchtungen nicht dorthin zurückkehren will.

(...)

F.
Die Bestimmungen dieses Abkommens finden keine Anwendung auf Personen, in Bezug auf die aus schwerwiegenden Gründen die Annahme gerechtfertigt ist,
a) dass sie ein Verbrechen gegen den Frieden, ein Kriegsverbrechen oder ein Verbrechen gegen die Menschlichkeit im Sinne der internationalen Vertragswerke begangen haben, die ausgearbeitet worden sind, um Bestimmungen bezüglich dieser Verbrechen zu treffen;

(...)

Qualifikationsrichtlinie

Richtlinie 2011/95/EU des Europäischen Parlaments und des Rates vom 13. Dezember 2011 über Normen für die Anerkennung von Drittstaatsangehörigen oder Staatenlosen als Personen mit Anspruch auf internationalen Schutz, für einen einheitlichen Status für Flüchtlinge oder für Personen mit Anrecht auf subsidiären Schutz und für den Inhalt des zu gewährenden Schutzes

(...) in Erwägung nachstehender Gründe:

(12) Das wesentliche Ziel dieser Richtlinie besteht darin, einerseits zu gewährleisten, dass die Mitgliedstaaten gemeinsame Kriterien zur Bestimmung der Personen anwenden, die tatsächlich Schutz benötigen, und andererseits sicherzustellen, dass diesen Personen in allen Mitgliedstaaten ein Mindestniveau von Leistungen geboten wird

(...)

(24) Es müssen gemeinsame Kriterien für die Anerkennung von Asylbewerbern als Flüchtlinge im Sinne von Artikel 1 der Genfer Flüchtlingskonvention eingeführt werden.

(...)

Artikel 4

Prüfung der Tatsachen und Umstände

(1) Die Mitgliedstaaten können es als Pflicht des Antragstellers betrachten, so schnell wie möglich alle zur Begründung des Antrags auf internationalen Schutz erforderlichen Anhaltspunkte darzulegen. Es ist Pflicht des Mitgliedstaats, unter Mitwirkung des Antragstellers die für den Antrag maßgeblichen Anhaltspunkte zu prüfen. (…)

(5) Wenden die Mitgliedstaaten den Grundsatz an, wonach der Antragsteller seinen Antrag auf internationalen Schutz begründen muss, und fehlen für Aussagen des Antragstellers Unterlagen oder sonstige Beweise, so bedürfen diese Aussagen keines Nachweises, wenn

a) der Antragsteller sich offenkundig bemüht hat, seinen Antrag zu begründen;

b) alle dem Antragsteller verfügbaren Anhaltspunkte vorliegen und eine hinreichende Erklärung für das Fehlen anderer relevanter Anhaltspunkte gegeben wurde;

c) festgestellt wurde, dass die Aussagen des Antragstellers kohärent und plausibel sind und zu den für seinen Fall relevanten, verfügbaren besonderen und allgemeinen Informationen nicht in Widerspruch stehen;

d) der Antragsteller internationalen Schutz zum frühestmöglichen Zeitpunkt beantragt hat, es sei denn, er kann gute Gründe dafür vorbringen, dass dies nicht möglich war; und

e) die generelle Glaubwürdigkeit des Antragstellers festgestellt worden ist.

Artikel 9

Verfolgungshandlungen

(1) Um als Verfolgung im Sinne des Artikels 1 Abschnitt A der Genfer Flüchtlingskonvention zu gelten, muss eine Handlung

a) aufgrund ihrer Art oder Wiederholung so gravierend sein, dass sie eine schwerwiegende Verletzung der grundlegenden Menschenrechte darstellt, insbesondere der Rechte, von denen gemäß Artikel 15 Absatz 2 der Europäischen Konvention zum Schutze der Menschenrechte und Grundfreiheiten keine Abweichung zulässig ist, oder

b) in einer Kumulierung unterschiedlicher Maßnahmen, ein schließlich einer Verletzung der Menschenrechte, bestehen, die so gravierend ist, dass eine Person davon in ähnlicher wie der unter Buchstabe a beschriebenen Weise betroffen ist.

(2) Als Verfolgung im Sinne von Absatz 1 können unter anderem die folgenden Handlungen gelten:…

e) Strafverfolgung oder Bestrafung wegen Verweigerung des Militärdienstes in einem Konflikt, wenn der Militärdienst Verbrechen oder Handlungen umfassen würde, die unter den Anwendungsbereich der Ausschlussklauseln des Artikels 12 Absatz 2 [entspricht § 3 Abs. 2 AsylG] fallen, (…)

Familienzusammenführungsrichtlinie

Richtlinie 2003/86/EG des Rates vom 22. September 2003 betreffend das Recht auf Familienzusammenführung

Artikel 1

Ziel dieser Richtlinie ist die Festlegung der Bedingungen für die Ausübung des Rechts auf Familienzusammenführung durch Drittstaatsangehörige, die sich rechtmäßig im Gebiet der Mitgliedstaaten aufhalten.

Artikel 2

Im Sinne dieser Richtlinie bezeichnet der Ausdruck (…)

f) „unbegleiteter Minderjähriger" einen Drittstaatsangehörigen oder Staatenlosen unter 18 Jahren, der ohne Begleitung eines für ihn nach dem Gesetz oder dem Gewohnheitsrecht verantwortlichen Erwachsenen in einen Mitgliedstaat einreist, solange er sich nicht tatsächlich in der Obhut einer solchen Person befindet, oder Minderjährige, die ohne Begleitung im Hoheitsgebiet eines Mitgliedstaats zurückgelassen werden, nachdem sie in diesen Mitgliedstaat eingereist sind.

Artikel 4

(2) Vorbehaltlich der in Kapitel IV genannten Bedingungen können die Mitgliedstaaten in ihren nationalen Rechtsvorschriften folgenden Familienangehörigen die Einreise und den Aufenthalt gemäß dieser Richtlinie gestatten:

a) den Verwandten in gerader aufsteigender Linie ersten Grades des Zusammenführenden oder seines Ehegatten, wenn letztere für ihren Unterhalt aufkommen und erstere in ihrem Herkunftsland keinerlei sonstige familiäre Bindungen mehr haben;

Artikel 10

(1) Hinsichtlich der Definition von Familienangehörigen findet Artikel 4 Anwendung; ausgenommen davon ist Absatz 1 Unterabsatz 3, der nicht für die Kinder von Flüchtlingen gilt.

(2) Die Mitgliedstaaten können weiteren, in Artikel 4 nicht genannten Familienangehörigen die Familienzusammenführung gestatten, sofern der zusammenführende Flüchtling für ihren Unterhalt aufkommt.

(3) Handelt es sich bei einem Flüchtling um einen unbegleiteten Minderjährigen, so a) gestatten die Mitgliedstaaten ungeachtet der in Artikel 4 Absatz 2 Buchstabe a) genannten Bedingungen die Einreise und den Aufenthalt seiner Verwandten in gerader aufsteigender Linie ersten Grades zum Zwecke der Familienzusammenführung; (…)

Hinweis: Der Fall ist den Rechtssachen *EuGH,* Rs. C-238/19, (EZ/Deutschland) ECLI:EU:C:2020:945 und *EuGH*, Rs C-273/20 (Bundesrepublik Deutschland (Regroupement familial avec un mineur réfugié)), ECLI:EU:C:2022:617 nachgebildet.

Gliederung

A. Flüchtlingsanerkennung von A
  I. Verfolgungshandlung
     1. Verweigerung durch Entziehung
     2. Beteiligung an Kriegsverbrechen
  II. Verknüpfung mit Verfolgungsgrund
  III. Weitere Voraussetzungen gemäß § 3 Abs. 4 AsylG
  IV. Ergebnis

B. Aufenthaltserlaubnis von M
  I. Grundsätzliche Voraussetzungen gemäß § 36 AufenthG
  II. Minderjährigkeit
     1. Richtlinienkonforme Auslegung
     2. Berücksichtigung der GR-Charta
  III. Ergebnis

Lösung

A. Flüchtlingsanerkennung von A

1 Gemäß § 3 Abs. 1 und 4 AsylVfG wird A als die Flüchtlingseigenschaft zuerkannt, wenn er sich aus begründeter Furcht vor einer Verfolgungshandlung i.S.v. § 3a AsylG aus einem Verfolgungsgrund i.S.v. § 3b AsylG außerhalb seines Herkunftslandes befindet und keine Ausschlussgründe gemäß § 3 Abs. 2 AsylVfG, § 60 Abs. 8 S. 1 AufenthG bestehen.

I. Verfolgungshandlung

2 A könnte eine Verfolgungshandlung im Sinne von § 3a Abs. 2 Nr. 5 AsylVfG drohen, nämlich Strafverfolgung wegen Verweigerung des Militärdienstes, der Verbrechen oder Handlungen i.S.v. § 3 Abs. 2 AsylG umfasst.

1. Verweigerung durch Entziehung

3 Fraglich ist zunächst, ob eine „Verweigerung des Militärdienstes" vorliegt. Vorliegend hat sich A zwar dem bevorstehenden Militärdienst durch seine Ausreise nach Deutschland entzogen, er hat seine Verweigerung aber nicht ausdrücklich gegenüber den Behörden in L erklärt. Zu klären ist daher, ob zur Annahme einer „Verweigerung" i.S.v. § 3a Abs. 2 Nr. 5 AsylG eine ausdrückliche Erklärung erforderlich ist.

4 Für das Erfordernis einer ausdrücklichen Erklärung könnte der Wortlaut von § 3a Abs. 2 Nr. 5 AsylG sprechen. Darin ist nicht nur von einer Entziehung, sondern ausdrücklich von einer Verweigerung des Militärdienstes die Rede.

5 Gegen ein solche restriktive Auslegung dürften allerdings Sinn und Zweck der Regelung sprechen. Jedenfalls dann, wenn das Recht des Herkunftsstaats keine Möglichkeit vorsieht, den Militärdienst zu verweigern, scheint es widersinnig, von dem Kriegsdienstverweigerer eine bestimmte Formalisierung der Verweigerung zu fordern. Insbesondere wenn die Wehrdienstverweigerung strafbar ist, kann vernünftigerweise nicht erwartet werden, dass die betreffende Person sie vor der Militärverwaltung zum Ausdruck gebracht hat.

6 Eine Verweigerung des Militärdienstes i.S.v. § 3a Abs. 2 Nr. 5 AsylG dürfte vorliegen.

2. Beteiligung an Kriegsverbrechen

Der Militärdienst müsste sodann Verbrechen oder Handlungen gemäß § 3 Abs. 2 AsylG umfassen.

Ausweislich des Sachverhaltes sind in L gerade auch Wehrdienstleistende häufig an Kriegsverbrechen beteiligt. Kriegsverbrechen sind unter § 3 Abs. 2 Nr. AsylG ausdrücklich genannt.

Fraglich ist aber, ob zur Annahme einer Verfolgungshandlung i.S.v. § 3a Abs. 2 Nr. 5 AsylG die Beteiligung an Verbrechen i.S.v. § 3 Abs. 2 AsylG sicher feststehen muss. Im Zeitpunkt der Flucht kannte A seinen vorgesehenen Einsatzbereich beim Militär noch nicht. Möglicherweise wäre er in einer Einheit oder für Tätigkeiten eingesetzt worden, die nicht mit Kriegsverbrechen in Verbindung stehen. Bei einer restriktiven Auslegung von § 3a Abs. 2 Nr. 5 AsylG könnte eine Verfolgungshandlung daher ausscheiden.

Gegen eine derart restriktive Auslegung dürfte allerdings Sinn und Zweck der Regelung sprechen. Dabei dürfte insbesondere der **europa- und völkerrechtliche Hintergrund** der Regelung zu berücksichtigen sein.

§ 3a Abs. 2 Nr. 5 AsylG dient zur Umsetzung von Art. 9 Abs. 2 lit. e Qualifikationsrichtlinie (QRL). Die QRL zielt ausweislich ihres Erwägungsgrunds 24 wiederum auf eine Harmonisierung der Umsetzung der Genfer Flüchtlingskonvention (GFK) in der EU.

In der GFK selbst ist die Wehrdienstverweigerung nicht speziell geregelt. Art. 1 lit. e GFK enthält allerdings die klare, in § 3 Abs. 2 AsylG umgesetzte Regelung, dass die Beteiligung an Kriegsverbrechen die Anerkennung als Flüchtling ausschließt. Diese Regelung ist in Art. 11 QRL und § 3 Abs. 2 AsylG umgesetzt.

Mit der speziellen Regelung in Art. 9 Abs. 2 lit. e QRL, die als Spiegelbild des Ausschlussgrundes eine Verfolgungshandlung bei der Wehrdienstverweigerung anerkennt, wollte der Unionsgesetzgeber offensichtlich den **Zugang zu Asyl erleichtern**, um einen Zwang zur Beteiligung an Kriegsverbrechen zu verhindern. Es wäre widersinnig und würde die praktische Wirksamkeit dieser Vorschrift stark einschränken, wenn ein Wehrdienstverweigerer erst die Einziehung abwarten müsste, um dann festzustellen, dass er aufgrund seiner Beteiligung an Kriegsverbrechen vom Asyl ausgeschlossen ist.

Im Lichte dieser Erwägungen dürfte es ausreichen, wenn es bei einer **ex ante Betrachtung plausibel** erscheint, dass der Wehrdienst wahrscheinlich die Beteiligung an Kriegsverbrechen umfasst. Dabei kann es auch keine Rolle spielen, ob der Asylsuchende in seiner konkreten Verwendung an Verbrechen gegebenenfalls nur indirekt beteiligt gewesen wäre, z. B. durch Zugehörigkeit zu einer logistischen oder unterstützenden Einheit.

Hinweis: Sehr lesenswert in diesem Zusammenhang die Entscheidung des EuGH zum US-amerikanischen Militärdienstangehörigen Shepherd, der nach einem Einsatz im Iran in Deutschland Asyl beantragt: *EuGH,* Rs C-472/13 (Shepherd), ECLI:EU:C:2015:117.

15 Ausweislich des Sachverhaltes besteht angesichts der wiederholten und systematischen Begehung von Kriegsverbrechen der Armee von L auch durch Einheiten aus Wehrpflichtigen, eine Wahrscheinlichkeit, dass der Wehrdienst von A Handlungen oder Verbrechen im Sinne von § 3 Abs. 2 Nr. 5 AsylG umfasst.

II. Verknüpfung mit Verfolgungsgrund

16 § 3a Abs. 2 AsylG fordert schließlich, dass die Verfolgungshandlung mit einem dem in § 3b AsylG genannten Verfolgungsgründen verknüpft sein. Von den genannten Gründen kommen dabei die „politische Überzeugung" gemäß § 3b Abs. 1 Nr. 5 AsylG in Betracht. Danach ist unter dem Begriff der **politischen Überzeugung** insbesondere zu verstehen, dass der Ausländer in einer Angelegenheit, die die in § 3c genannten potenziellen Verfolger sowie deren Politiken oder Verfahren betrifft, eine Meinung, Grundhaltung oder Überzeugung vertritt, wobei es unerheblich ist, ob er auf Grund dieser Meinung, Grundhaltung oder Überzeugung tätig geworden ist.

17 Vorliegend hat A im Asylverfahren zwar angegeben, dass er den Bürgerkrieg und die dabei begangenen Verbrechen ablehnt. Er ist vor der Wehrdienstentziehung allerdings nicht politisch aktiv gewesen und hat seine Überzeugung auch nicht öffentlich kundgetan. Fraglich ist, ob dieses Vorbringen zur Annahme „politischer Überzeugung" i.S.v. § 3b Abs. 1 Nr. 5 AsylG ausreicht.

18 Auch zur Klärung dieser Frage ist der europa- und völkerrechtliche Hintergrund von § 3a Abs. 2 Nr. 5 AsylG zu berücksichtigen. Danach dürfte nicht automatisch davon auszugehen sein, dass die Verweigerung des Militärdienstes gemäß § 3 Abs. 2 Nr. 5 AsylG in jedem Fall mit einem Verfolgungsgrund verknüpft ist. Zwar dürfte die Wehrdienstverweigerung vielfach auf politische Überzeugungen zurückzuführen sein. Sie kann aber auch andere, von der GFK nicht erfasste Gründe haben, zum Beispiel die bloße Furcht vor Gefahren für das eigene Leben.

19 Wie dargestellt, zielt die QRL ab, die Auslegung des Flüchtlingsstatus nach GFK innerhalb der EU zu harmonisieren. Würde die Wehrdienstverweigerung automatisch als Verfolgungsgrund angesehen,

würden in der GFK genannten Verfolgungsgründen faktisch ein weiterer Grund hinzuzufügt. Dass der Unionsgeber durch die spezielle Regelung in der QRL über die GFK hinausgehen wollte, ist aber nicht ersichtlich.

Gleichwohl dürften bei teleologischer Auslegung unter Berücksichtigung des europarechtlichen Hintergrunds keine zu strengen Anforderungen an den Nachweis politischer Überzeugungen im Fall der Wehrdienstverweigerung zu stellen sein. 20

Dabei ist zunächst zu berücksichtigen, dass es sich bei den Gründen für die Wehrdienstverweigerung und die daraus resultierende Strafverfolgung um subjektive Gesichtspunkte handelt, die einem unmittelbaren Beweis grundsätzlich nur schwer zugänglich sind. 21

§ 3b Abs. 1 Nr. 5 AsylG bestimmt insofern ausdrücklich, dass es unerheblich ist, ob der Asylsuchende auf Grund seiner politischen Überzeugung tätig geworden ist. § 3b Abs. 2 AsylG bestimmt außerdem, dass es unerheblich ist, ob der Antragsteller tatsächlich die politischen Merkmale aufweist, die zur Verfolgung führen, sofern ihm diese Merkmale von seinem Verfolger zugeschrieben werden. 22

Dazu kommt, dass nach Art. 4 QRL der Asylsuchende die Verknüpfung zwischen Verfolgungsgrund und Verfolgungshandlung **nicht beweisen** muss. Zwar dürfen nach Art. 4 Abs. 1 QRL die Mitgliedstaaten vom Antragsteller verlangen, so schnell wie möglich alle zur Begründung des Antrags auf internationalen Schutz erforderlichen Anhaltspunkte darzulegen. Die Prüfung dieser Anhaltspunkte obliegt ausdrücklich dem Mitgliedsstaat. Art. 4 Abs. 5 QRL erkennt dabei an, dass ein Antragsteller nicht immer in der Lage ist, seinen Antrag durch Unterlagen oder sonstige Beweise zu untermauern. 23

Diese Erwägungen dürften gerade auch für den Fall der Wehrdienstverweigerung relevant sein. Wie oben dargestellt, soll die spezielle Regelung dieses Falls in der QRL zwar nicht die Definition der Flüchtlingseigenschaft gegenüber der GFK erweitern. Sie dient aber sicherlich dazu, die Bedingungen für die Flüchtlingsanerkennung in zu erleichtern, und jedenfalls nicht durch zusätzliche Voraussetzung zu erschweren. 24

Gerade unter den Bedingungen eines Bürgerkriegs und bei fehlender legaler Möglichkeit der Wehrdienstverweigerung dürfte eine hohe Wahrscheinlichkeit bestehen, dass die Wehrdienstverweigerung von den Behörden unabhängig von den persönlichen, eventuell viel komplexeren Gründen des Betroffenen als ein **Akt politischer Opposition ausgelegt** wird. Insbesondere dann, wenn sie mit schweren Sanktionen belegt ist, gibt Wehrdienstverweigerung Anlass zur Annahme, dass ein starker Konflikt politischer Überzeugungen zwischen dem Betroffenen und den Behörden des Herkunftslandes vorliegt. 25

26 Insofern dürfte § 3b Abs. 1 Nr. 5 AsylG europarechtskonform so auszulegen sein, dass eine **starke Vermutung** dafür besteht, dass die Verweigerung des Militärdienstes mit einem Verfolgungsgrund gemäß Art. 3b AsylG verknüpft ist.

27 Die von A genannten Gründe für eine Wehrdienstverweigerung dürften insofern für die Annahme von politischen Überzeugungen i.S.v. § 3b Abs. 1 Nr. 5 AsylG ausreichen. A ist durch seine Wehrdienstentziehung das Risiko einer schweren Bestrafung eingegangen, hat sein Herkunftsland und seine Familie ohne Aussicht auf Wiederkehr verlassen. Dass er vorher nicht politisch aktiv in Erscheinung getreten ist, entkräftet die Vermutung nicht. Der Prozess der politischen Meinungsbildung dürfte bei einem 17-Jährigen grundsätzlich noch nicht abgeschlossen sein. Gerade im repressiven Klima eines Bürgerkriegs erscheint es auch nicht ungewöhnlich, dass ein Minderjähriger seine politische Überzeugung nicht öffentlich äußert.

III. Weitere Voraussetzungen gemäß § 3 Abs. 4 AsylG

28 A befindet sich außerhalb seines Herkunftslandes L in Deutschland. Ausschlussgründe gemäß § 3 Abs. 2 AsylVfG, § 60 Abs. 8 S. 1 AufenthG sind nicht ersichtlich.

IV. Ergebnis

29 A dürfte gemäß § 3 Abs. 4 AsylVfG als Flüchtling anzuerkennen sein.

B. Aufenthaltserlaubnis von M

30 M könnte eine Aufenthaltserlaubnis nach § 36 Abs. 1 AufenthG zu erteilen sein. Nach § 36 Abs. 1 i.V.m. § 25 Abs. 1 AufenthG ist den Eltern eines minderjährigen Ausländers, der eine Aufenthaltserlaubnis als anerkannter Flüchtling hat, eine Aufenthaltserlaubnis zu erteilen, wenn sich kein personensorgeberechtigter Elternteil im Bundesgebiet aufhält.

I. Grundsätzliche Voraussetzungen gemäß § 36 AufenthG

31 M ist die Mutter des A. A hat als anerkannter Flüchtling eine Aufenthaltserlaubnis gemäß § 25 Abs. 1 AufenthG. M ist verwitwet, es hält sich also kein anderer sorgeberechtigter Elternteil von A in Deutschland auf.

II. Minderjährigkeit

Fraglich ist allerdings, ob A noch als minderjährig i.S.v. Art. 26 **32** AufenthG angesehen werden kann. Zwar war A 17 als M den Visumantrag gestellt hat. Während des Verfahrens ist er allerdings volljährig geworden.

Der Wortlaut von § 36 Abs. 1 AufenthG dürfte dafür sprechen, dass **33** es für das Bestehen einer Aufenthaltserlaubnis auf eine Minderjährigkeit des Kindes im Zeitpunkt der Entscheidung und nicht nur bei Antragstellung ankommt. Auch Sinn und Zweck der Regelung dürften grundsätzlich für dieses Ergebnis sprechen. Die Regelung dient dazu, die Situation von unbegleiteten Minderjährigen zu verbessern, indem ihren Eltern ein erleichterter Anspruch auf Aufenthaltserlaubnis eingeräumt wird. Liegt die besondere Schutzbedürftigkeit aufgrund der Minderjährigkeit nicht mehr vor, gelten die allgemeinen Voraussetzungen für die Erteilung einer Aufenthaltserlaubnis zur Familienzusammenführung in §§ 27 und 29 AufenthG.

1. Richtlinienkonforme Auslegung

Allerdings könnte sich aus **richtlinienkonformer Auslegung** ergeben, **34** dass A nach wie vor als minderjährig anzusehen ist.

Durch § 36 AufenthG wird Art. 10 Abs. 3 der Familienzusammen- **35** führungsrichtlinie (FZRL) umgesetzt. Die FZRL dient nach ihrem Art. 1 zur Festlegung harmonisierter Bedingungen für die Ausübung des Rechts auf Familienzusammenführung durch Drittstaatsangehörige, die sich rechtmäßig im Gebiet der Mitgliedstaaten aufhalten.

Der Begriff „unbegleiteter Minderjähriger" ist in Art. 2 lit. f FZRL **36** definiert. Auch in dieser Definition wird allerdings kein Zeitpunkt für die Beurteilung der Minderjährigkeit konkretisiert. Die Definition enthält allerdings auch **keinen Verweis auf das Recht der Mitgliedstaaten**, sodass die Frage autonom nach Europarecht zu beurteilen ist.

Aus dem achten Erwägungsgrund der FZRL ergibt sich insofern zu- **37** nächst, dass die FZRL **günstigere Bedingungen für die Familienzusammenführung von Flüchtlingen** vorsieht, weil sie bereits aufgrund der Umstände ihrer Flucht daran gehindert sind, ein normales Familienleben zu führen.

Für die Zusammenführung unbegleiteter Minderjähriger mit ihren **38** Eltern enthält Art. 9 Abs. 3 FZRL dann nochmals eine besonders günstige Regelung, die nicht in das Ermessen der Mitgliedstaaten gestellt ist und **keine weiteren Bedingungen für die Familienzusammenführung** vorsieht. Insofern besteht ein Unterschied zur Regelung in Art. 4 Abs. 2 lit. a FZRL, der den Mitgliedsstaaten zwar grundsätzlich ermöglicht, nach ihrem Ermessen Regelungen für die Familienzusammenführung mit den Eltern zu schaffen, diese aber unter zusätzliche Bedingungen stellt, wie z.B. dass der Zusammenführende für den Unterhalt der Eltern aufkommt, und diese in ihrem Herkunftsland keinerlei sonstige familiären Bindungen mehr haben.

2. Berücksichtigung der GR-Charta

39 Bei der Auslegung der Richtlinie dürften darüber hinaus gemäß Art. 51 Abs. 1 GR-Charta auch die **europäischen Grundrechte** zu berücksichtigen sein.

40 Vorliegend scheinen insbesondere das Recht auf Achtung des **Privat- und Familienlebens nach Art. 7 GR-Charta** sowie die in Art. 24 GR-Charta festgelegten Rechte des Kindes relevant. Nach Art. 24 Abs. 2 GR-Charta muss bei allen Maßnahmen öffentlicher Stellen, die Kinder betreffen, das **Kindeswohl** eine vorrangige Erwägung sein. Nach Art. 24 Abs. 3 GR-Charta hat jedes Kind grundsätzlich **Anspruch auf regelmäßige persönliche Beziehungen und direkte Kontakte zu beiden Elternteilen.**

41 Mit dem **speziellen Schutzziel von Art. 10 Abs. 3 lit. a FZRL** und dem **hohen Schutzniveau der Artt. 7 und 24 GR-Charta** für Familienleben und Kindeswohl dürfte es nicht vereinbar sein, bei der Beurteilung der Minderjährigkeit im Rahmen auf den Zeitpunkt der Entscheidung der jeweiligen nationalen Behörde abzustellen.

42 Die zuständigen nationalen Behörden und Gerichte hätten dann nämlich **keine Veranlassung, die Anträge der Eltern Minderjähriger mit der gebotenen Dringlichkeit vorrangig zu bearbeiten.** Dadurch würden die Rechte von Kindern und Eltern auf ein gemeinsames Familienleben gefährdet.

43 Außerdem wären die **Grundsätze der Gleichbehandlung und der Rechtssicherheit** gefährdet, wenn es für die Aufenthaltserlaubnis der Eltern auf den Entscheidungszeitpunkt der nationalen Behörde ankäme. Der Erfolg eines Antrags auf Familienzusammenführung würde dann nämlich von der Geschwindigkeit der Bearbeitung des Antrags oder eines Rechtsbehelfs abhängen, und nicht von Umständen, die in der Sphäre des Antragstellers liegen.

44 Angesichts dieser Erwägungen dürfte es bei der Bestimmung der Minderjährigkeit eines unbegleiteten Flüchtlings bei der Familienzusammenführung mit einem Elternteil gemäß Art. 10 Abs. 3 lit. a, Art. 2 lit. f FZRL auf den **Zeitpunkt der Antragstellung** ankommen, und nicht auf den Zeitpunkt der Entscheidung über den Antrag.

III. Ergebnis

M ist eine Aufenthaltserlaubnis nach § 36 Abs. 1 AufenthG zu erteilen. **45**

Zur Vertiefung: 📖 Zur umgekehrten Situation, in der ein minderjähriges Kind während des Verfahrens zur Familienzusammenführung mit seinen in der EU lebenden Eltern volljährig wird vgl.: *EuGH*, Rs. C-133/19, C-136/19 und C-137/19, (État belge), ECLI:EU:C:2020:577; zur Einordnung der EuGH-Rechtsprechung zur Minderjährigkeit vgl. *Kluth* NVwZ 2022, 1693 ff. Generell entwickelt sich die Entscheidungspraxis im Migrationsrecht und speziell im Asylrecht in den letzten Jahren sehr dynamisch. Speziell bei der Militärdienstentziehung kommt es ganz entscheidend auf die aktuelle Situation im jeweiligen Herkunftsland an. Zum Vorwurf der Asyllotterie und der Praxis des BAMF vgl.: *Gräfin Praschma* ZAR 2020, 223 ff.